心と体が自在に使える「気の呼吸」

「ここ一番」で最高の力が出る秘密

心身統一合氣道会 会長
藤平信一

サンマーク出版

はじめに

この本は、「ここ一番」で、あなたが本来の力を発揮できるよう、書いたものです。

多くの人は、自分の持つ力を最大限に発揮したいと思い、日々の努力を重ねています。

ところが、そのほとんどの人が、大事な場面で力を発揮できず、不本意な結果を迎えます。

おそらく、あなたもそんな経験があるのではないでしょうか？

原因は、はっきりしています。「余分な力が入ってしまったこと」です。

大事な場面では、よく「力を抜け」とか「落ち着け」などと言われます。でも、どうやって体から力を抜くのか、どうやったら心が落ち着くのかを知りません。

このため、力を抜くことも、落ち着くこともできません。それどころか、無理に力を抜こうとして、かえって力が出なくなったり、ぎこちない動きになったりします。また「冷静になれ」と心に命じて、かえって心が緊張したりします。

「力を抜く」ことや「落ち着く」ことはとても大切なのですが、その正しい方法を知らず、無理に間違った方法でそれをすることが問題なのです。

もし、あなたが正しい「力の抜き方」や「心の静め方」を知っていたら、これまでの人生は変わっていた。あるいは、それを知れば、あなたのこれからの人生は変わっていく。

そう思いませんか？

スポーツの試合、試験、発表会、仕事のプレゼンや交渉、重大な決断……。

「ここ一番」では、誰だって緊張します。気持ちも高まります。「勝ちたい」とか「失敗したくない」と思い、体に力が入ります。それは自然なことです。それでいいのです。

大事なのは、そうした事実を認めた上で、正しく心を静め、正しく力を抜いていくことです。そこで本書では、その方法を紹介することにしました。

その大きな柱が「気の呼吸法」です。呼吸法というと難しく聞こえるかもしれませんが、ご安心を。誰もが、手軽にできます。

たとえばロサンゼルス・ドジャースの選手たちにも、その効果はすぐに現れました。かって、王貞治さんが私の父から学び、世界一のホームラン王になったことは、知る人ぞ知る話です。このほかにも、第一線で活躍するアスリートや経営者、文化人や芸術家、ビジネスパーソン、主婦、学生、病気の方、悩みを抱える方など、数万人の方が実践されていますが、それはこの方法が実効性に優れたものだからです。

この本は、そうした教えを凝縮した私の分身です。あなたのお役に立つように、そして世界中の誰もが理解できるように書きました。

タイトルは『心と体が自在に使える「気の呼吸」――「ここ一番」で最高の力が出る秘密』としましたが、「あなたの人生を切り拓く最高の方法」という言い方もできます。

呼吸を変えることで、心と体は驚くほど変わります。また、「気の呼吸法」の「気」とは何かを知ることで、あなたの視野は大きく開かれます。すると、これまであなたの前に現れてきた障壁を乗り越えられるようになり、あなたが抱え、あなたを苦しませてきた問題からも解放されるようになります。

読後、あなたの世界が一変することを確信しています。

藤平信一

1章 あなたが力を発揮できない本当の理由 …… 41

4章 ここ一番に強くなる気の呼吸法

5章 臍下の一点に心を静める

6章 気の呼吸法を「ここ一番」で活かす知恵 …… 173

企画・構成……山城 稔(BE-million)
編集協力……青井博幸
装丁……萩原弦一郎(256)
イラスト……瀬川尚志
組版……朝日メディアインターナショナル
校閲……株式会社ぷれす
編集……新井一哉(サンマーク出版)

プロローグ

メジャーリーガーが知った本当の力

メジャーリーグが取り入れた「気のトレーニング」。
彼らは、そこから何を得て、どう変わったのか。
なぜ「気の呼吸法」はここ一番で力が出るのか。
彼らが実例で示してくれたのは、本当に単純で、
でも、誰もが見逃していることでした。

アメリカのメジャーリーグが私に何を求めたのか？

野球評論家の広岡達朗さんから電話があり、唐突に、こう切り出されました。

「藤平先生、ロサンゼルス・ドジャースというアメリカ大リーグのチームを知っていますよね。そこが『気』の指導をしてほしいと言っています。行ってくれますよね」

広岡さんは、さらに畳みかけるように言います。

「今のドジャースには、藤平先生の指導が必要ですよ。先方も『どうしても気を学びたいのだ』と言っています。先生、ロサンゼルスに行ってくれますよね」

その勢いに押されるように、思わず私は、「はい、私にできることなら喜んで」と、応えてしまいました。そして数日後、ドジャースから、改めて連絡があったのです。

「うちのトップ・プロスペクツ（若手最有望選手）に『気』を教えてほしい。我々は若手の才能を開花させたい。春季キャンプの10日間で彼らを変化させてほしい」

そのようにお願いされ、私はロサンゼルス行きを正式に決めたのでした。

広岡さんは、私の父・藤平光一から心身統一合氣道を学び、それを野球に取り入れてきた方です。とくに、指導者となってからは、「気」を深く追究され、多数の名選手を育成されました。セ・パ両リーグでチームを日本一へと導いた名監督ですが、広岡さんの野球には、「気」の教えが深く関わっています。

メジャーリーグに「気」を導入することは、広岡さんの長年の夢だったそうです。なぜなら、メジャーには多国籍の選手が集まり、言葉も習慣もバラバラなため、せっかくの才能を開花させられない選手が多くいたからです。

「彼らに気を教えたら、もっともっとうまくなる。それは野球界の発展にもつながる」

広岡さんは、20年間、ドジャースに野球の指導に行き、その度に「合気道の気はすごいんだよ」と言いつづけていたそうです。そして2009年、幹部のひとりが「そんなにすごいなら、私に試させてくれ」と言い、「それならば」と広岡さんが相手をすることに。その幹部は体が大きく、腕力には自信があったのでしょう。ところが、80歳近い広岡さんは、その幹部をスコーンと簡単に投げ飛ばしてしまったので、さあ大変。

ドジャースの幹部たちは「こんな爺《じい》さんが、なんで?」とびっくりするだけでなく、「気って本当にすごいかも」とざわざわし出した。そこで「ミスター広岡の推薦する気の達人をお招きできないか」という話になり、私に連絡があったというわけです。

「ここ一番」で力を発揮できなければ、努力は水の泡になる

申し遅れましたが、私は、心身統一合氣道という武道の2代目継承者です。日本だけでなく世界中で、その指導と普及に努めています。心身統一合氣道会は、現在、世界の24カ国に約3万人、日本には約1万人の会員がおり、言葉や文化、宗教の壁を越えて、同じ教えを学んでいます。

一般的に「合気道」と聞くと、相手を投げたり、倒したりする姿だけをイメージする人が多いかもしれませんが、心身統一合氣道が教えていることはまったく違います。

その目的はどんな状況に置かれても、自分の持つ力を最大限に発揮することです。まさに本書のテーマと合致しています。では、なぜ力を発揮できるのか？　どうしたらそれが可能になるのか？　答えは、本書を読み進めるうちにわかってきますが、ここではひとつだけ、その一端となるエピソードをご紹介します。

アメリカの雑誌の取材で、「自動小銃の時代に、心身統一合氣道を学ぶ意味がどこにあるのか？」と聞かれたことがあります。質問者は「銃に対して素手で戦えるのか」と聞きたかったのでしょう。現代のアメリカでは、犯罪者の多くが麻薬患者であり、痛みにも鈍い。かつてのような武道の逮捕術が通用しにくいのではないか、という疑問です。

しかし、そんなアメリカで、警察官に心身統一合氣道を通じて「気」を指導すると、大変喜ばれるのです。なぜなら、彼らにとっては、相手を投げ飛ばす「技」よりも、危険や異変を察知して回避するという意味での「護身」が必要だからです。そのためには「気が出ている」ことが不可欠であり、「気の呼吸法」によって、それが可能になるのです。

もちろん、護身だけでなく、「ここ一番で最高の力を発揮する」ときにも、同じく「気」が不可欠です。

どれだけ高い能力があっても、大事な場面で力を発揮できないようでは、意味がありません。たとえば、大事な試合に向けて必死に練習したのに、緊張して力が出せなかった。あるいは、一生懸命にスピーチの原稿をつくって覚えたのに、本番で頭が真っ白になり話せなかった。あなたにも、そんな経験があるのではないでしょうか？

アスリートの場合、それは死活問題です。せっかく高い能力を持っていても、本番で実力を発揮できなければ、勝負の世界では生き残れません。

ドジャースが私に指導を求めたのも、そうした理由からです。当時のドジャースは、他球団からスター選手を獲得してくる資金力がありませんでした。チームを強くするためには、若手を育てるしかありません。それも、本番で力を発揮できる人材です。

選手が本番で、自分の力を最大限に発揮できるようにすること——。

それが私に課せられた役目というわけです。

そこは生き残りをかけた真剣勝負の場だった

2010年の1月、私は、ドジャースがキャンプをするロサンゼルスへと飛びました。

現地に着き、ミーティングをすると、球団幹部が驚くことを言い出しました。

「明日は練習前に選手を集めます。そこで15分のデモンストレーションをしてください。選手たちが関心を持ち、翌日も人が集まるようなら、引き続きやってもらいます」

えっ、ちょっと待って！　私は、恐る恐る聞き返しました。

「もし、選手が集まらなかったら？」

「ああ、そのときはロサンゼルスで観光でもして、日本にお帰りください」

甘く考えていました。忘れていましたがここはアメリカ、成果主義の国なのです。

「トップ・プロスペクツ」は、若手の最有望選手です。しかし、明日を約束された身分ではなく、結果が出なければクビ。ドラマのようですが、ロッカールームに突然「解雇通知」が貼られ、その場で荷物をまとめて去っていく選手がいるのです。

キャンプは生き残りをかけた真剣勝負の場です。厳しいですが、それがアスリートのリアルな世界なのだと、思い知らされました。


私も例外ではありません。「15分で結果を出せ」と、真剣勝負を求められたわけです。たった15分でどう伝えればいいのか。本当に伝わるのか？

さすがにこのときは、窮地に立たされた気持ちになりました。しかし、こんなピンチのときこそ、私の真骨頂を見せられるチャンスです。**どんな状況に置かれても、最大限の力を発揮できる。**それを示す機会を得たのだと思いました。

とはいえ、やはり心は大きく動揺していました。10日間の指導をするつもりで行ったのに、15分で結果を出せなければクビです。

その日、ホテルに戻った私は、「気の呼吸法」をくり返しました。後ほどくわしく話しますが、目を閉じて、深く静かな呼吸をするうちに、心も静まってきます。

これは、池の水面をイメージするとわかりやすいと思います。嵐のときには、水面が激しく波立ちますが、風が収まってくると水面の揺れが小さくなります。呼吸が静まってくるにつれて、波打っていた心は少しずつ静まり、やがて鏡のようになります。

このときもそうで、不安や迷いは消えていき、心は澄みました。

「よし！　これで大丈夫」。私は完全に落ち着いた状態で本番に臨んだのです。

メジャーリーガーも立ち方や呼吸を教わる機会がない

ドジャー・スタジアムに行くと、私は大きなミーティングルームに案内されました。24人の選手とコーチたちが待ち構えており、鋭い視線が突き刺さってきます。

さすがはメジャーリーグの最有望選手、体格が違います。道着に袴《はかま》の私を見て、「何をやらされるのか？」と不安そうな人もいれば、「俺たちの貴重な時間を使いやがって」と不満そうな人もいます。「日本のマーシャル・アーツ（武道）の人間が何をしにきた」と敵意を露《あら》わにする選手もいます。おそらく選手たちは何も聞いていないのです。

つまり、私は圧倒的に不利な立場に置かれている、ということがわかりました（笑）。

この状況で、私が最もしてはいけないのは、気後れして、「気を滞らせる」ことです。そして、真っ先にやるべきは、気を出して、彼らと「気を通わせる」ことです。

選手の前に立った私は、こう切り出しました。

「私は、みなさんがメジャーリーガーとなって活躍するためのサポートにきました」

その瞬間、場の空気が動き、ひとりの選手が口を開きました。

「あなたに、何ができるのですか？」

私は、こう答えました。

「たとえば、みなさんの呼吸が変わります。そして、立ち方が変わります。これが変わると、バッティングもピッチングも大きく変わります」

彼らの顔には、戸惑いの色が浮かびました。

「この男は何を言っている？　呼吸？　立ち方？　俺たちはそれができていない？」

私から見ると、選手の呼吸が乱れていることや、立ち方が安定していないことは一目瞭然です。もちろん、彼らはそれを自覚していません。パフォーマンスを最大限に発揮するためには、静かな呼吸や安定した立ち方が必要なのですが、そんなことはお構いなしです。

というより、知らないのです。私に対する緊張や不満から、彼らの呼吸は荒くなっています。そのため、体に余分な力が入り、不安定な立ち方になっていました。

ほとんどの人は意識していないかもしれませんが、「立つ」という動作は、すべての運動の基本であり、土台となる部分です。

立ち方が不安定なら土台がぐらついてしまいます。これでは、どんなに能力があっても「台無し」になります。これを体で理解してもらうために、私はデモンストレーション（実演）に移ることにしました。

ドジャースの若手最有望選手が目覚め始めた

私は選手を見まわし、最も体の大きな2人を指さし、前に出てきてもらいました。

「今からみなさんに、立ち方を教えます。体に余分な力みがなく、足先に気が通《かよ》った状態で立つと、姿勢は盤石《ばんじゃく》になります。私がそれを示します」

2人の選手には、私の左右の肩にそれぞれ手をかけてもらい、「合図をしたら、力を込めて、私を真下につぶしてください」と指示しました。

まずは、悪い立ち方の例を見せます。私は、上半身に力を入れて立ちました。

「さあ、力いっぱいに、私をつぶして」

2人の大男は、一気に力を入れます。とんでもない力が私の両肩にかかり、私は一瞬でつぶされてしまいました。

2人を見上げると、「当たり前だ。俺たちは強いのだ」という顔でニンマリしています。

次は、正しい立ち方の例です。

私は体の力を抜き、足先に気が通ったリラックスの姿勢で立ちました。そして彼らに、「さっきと同じように、私をつぶしてください」と命じました。

2人は、一気に力を入れます。しかし、今度は、私の体はびくともしません。

2人の大男が全体重をかけているのに、私は体のどこにも負担を感じていないのです。

周囲の選手は、「おいどうした！　だらしないぞ」と冷やかします。2人はヒートアップして、ぶら下がったり、ジャンプしたりしてつぶしにかかるのですが、私はにっこり平然と立っています。しまいには2人とも、私の肩に乗ってしまいました（笑）。

こうなるともう、周囲の選手は興味津々です。私は、次のパフォーマンスを見せることにしました。大男2人を肩に乗せた状態で、屈伸をして見せたのです。そして次は、2人を肩に乗せたまま足踏みをし、さらにはスタスタと前に歩いて見せました。

「すごい！」「俺にもやらせてくれ！」と、選手たちが入れ替わり立ち替わり前に出てきて、私をつぶしにかかるのですが、私は盤石の姿勢を保ったままです。

私は彼らを見まわして、笑顔で言いました。

「じつは、今のみなさんの姿勢は、私が最初にやったのと同じように不安定です。それを実感してもらいます。私に動かされないよう、力を入れて立ってください」

そして、私は直立した選手のそばに行き、胸のあたりを軽く押します。すると、1人目も2人目も、どの選手も、こちらが驚いてしまうほど簡単に動いてしまいます。数人にやったところで、約束の15分が終了しました。

彼らは、「なぜだ?」「説明してくれ!」と不満げです。私は「明日からの指導を楽しみにしていてください」と笑顔で告げ、会場を後にしたのです。

きちんとした立ち方を覚えた選手はやはり最強だ!

翌朝、集合時間の15分前に会場に着くと、選手全員が集まっていました。

「昨日の秘密を早く教えてくれ!」

急《せ》かす彼らに対し、私はまず、立つことの重要性を説明しました。

「足先に気を通し、全身の力を完全に抜く。すると自然体となり、盤石になります」

自然な姿勢には、自然なバランスがあります。

自然な立ち方ができているときは、どこにも負担がなく、体を支えられます。そして、土台が万全であれば、しっかりと体を使うことができます。

ところが、首や肩、背中や腰、ひざや足首など、どこかに力が入っていて、負担がかかったときは、体を支えられません。当然、体のバランスが悪くなり、動作も不安定になります。これでは高いパフォーマンスを発揮できないことは明らかです。

また、不自然な立ち方をしていると、疲れやすく、ケガをしやすくなります。体に負担のかかっている不完全な状態です。これで本番に臨んだら、最大限の力を発揮することなどできません。

そのように話した後、全員に対し、立ち方のチェックをおこなうことにしました。

じっさいにやってみると、やはり選手の姿勢は不安定です。

私が彼らの肩を軽く押すだけで、体がぐらついてしまいます。つまり、体のどこかに力が入っており、足先に気が通っていないのです。

選手たちも、自分の姿勢がこれほど不安定だとは思っていなかったようです。

でも、これが功を奏しました。「立ち方なんて」と、最初は疑心暗鬼だった選手たちが真剣に取り組んだのです。

おかげで選手全員が、たった数分で正しく立てるようになりました。パフォーマンスを最大限に発揮する目的においての「正しい立ち方」です。これができたために、彼らの両肩に重さをかけても、前後左右から押しても、平然と立っていられるのです。

「これが正しい立ち方か。先生、明日からも、教えてください」

こうして私は、正式に10日間の指導を任されることになったのです。

プロたちが技術以前の土台となるものの重要性に気づいた

ドジャースのトレーニングでは、最初に私が実演をして、その意味と目的を説明し、選手がそれを体感する、というスタイルにしました。選手はそこで得たフィーリングを、各自の練習でプレーに取り入れていきます。このくり返しです。

選手たちも手応えを感じ始めたようです。「僕のバッティングフォームを見て」とか「ピッチングフォームをチェックして」と言ってくるようになりました。

私は野球の専門家ではないのでフォームは直せません。ただし、フォームの土台となる立ち方や体の使い方については指導ができます。私は喜んで要望に応じました。

監督やコーチにも変化が見えました。初日は最後列で眺めていたのに、日を追うごとに前の列へと移動し、ついには最前列に陣取るようになったのです。トレーニングにも積極的に加わるようになりました。

15分のトレーニング時間も30分になり、最大幅の45分に延長されました。24人の全員が参加するだけでなく、じっさいに選手のパフォーマンスにもよい変化が表れました。ある選手は、私にこう言ったほどです。

「僕がメジャーリーガーになったときは、報酬の半分は先生にあげるから」

その彼は、本当にこのキャンプの後で、メジャーリーガーとなりました。ほかにも、数名の選手が見事にメジャー昇格を果たしています。ちなみに、彼は未《いま》だに報酬の半分を渡してくれませんが（笑）。

マイナーリーグはメジャーの下部組織ですが、ドジャースには約２００名のマイナー選手がいます。マイナーとはいえ、どの選手もアメリカ全土や海外からやってきた才能あふれる人材です。その中からメジャーに上がれるのは、わずか5〜10パーセント。9割以上の選手は、夢破れて去っていくわけです。

そんな厳しい状況下で、彼らは「気」を学び、それを野球に活《い》かすことを知りました。

いっぽう球団側にとっても、気を導入した効果は、想像以上だったようです。

次のキャンプでも私のトレーニングは継続されることになりました。しかも「打撃」や「守備」「走塁」などと並んで、「Ki Training（気トレーニング）」は正規の練習となったのです。つまり、高いパフォーマンスを発揮するには、技術も大事だが、それ以前に「気」や「心と体」といった土台が重要であることを、彼らは理解したのです。

力を入れると姿勢が崩れ、力を発揮できない

ドジャースの選手には、「モノの持ち方」なども教えました。

この実演で、私は木剣を使うことにしました。木剣など、彼らは見たこともないのでしょう。私が木剣を持って正面に構えると、「忍者みたいだ」と喜んでいます。

アシスタントの指導者にも木剣を持たせました。そして「私の木剣を横から思い切り打て」と指示しました。選手たちは興味津々です。

私は心を静かにし、木剣を正面に構えます。「さあ、いらっしゃい」。

アシスタントはササッと私に近づくと、思い切り木剣を振り払います。「カーン！」。木剣と木剣が打ち鳴らす激しい音がして、選手たちがビクンと体を固くするのがわかります。

アシスタントの激しい一撃を受けましたが、私の姿勢はまったく崩れていません。木剣も元の位置に戻っています。

選手たちから歓声が上がりました。「誰かやってみませんか？」と声をかけると、ひとりの選手が出てきました。そして、こう言います。

「僕は打者なので、先生の木剣をバットで打たせてください」

私は内心驚きましたが、ここで引くわけにはいきません。

「いいでしょう。あなたのバットで私の木剣を思い切り打ってみてください」

私は木剣を正面に構えます。いわゆる中段の構えです。これに対し、彼はバッティングの構えです。選手たちが固唾《かたず》を呑《の》んで見守っているのがわかります。

「さあ、きなさい！」。彼は木剣を目がけてフルスイングをしました。

「カーン！」。ものすごい音が室内に響きます。

私の姿勢はまったく崩れませんでした。木剣も元の位置に戻っています。

バットを持った彼は、「信じられない」という顔をしています。なんせバットで打たせるのは初めてですし、一番びっくりしていたのは、私かもしれません。なんせバットで打たせるのは初めてですし、相手は屈指のスラッガー。正直、どうなるかわからなかったからです。しかし、そんなときでも、私は心を静かに保つことができます。

もし私に、心の動揺や余分な力みがあれば、相手の力を全部受けてしまい、姿勢は崩れていたことでしょう。ところが、心は静まり、余分な力を完全に抜いていたために、しっかりと能力を発揮することができたのです。

もちろんその前提として、呼吸が静まっていたことは言うまでもありません。

意識すればするほど、心と体がバラバラになる

アスリートたちは「常人離れした世界」で戦っています。

たとえば、メジャーリーグの投手は100マイル（約160キロ）のボールを投げ、打者はそれを打ち返す。その瞬間、複雑な思考が入る余地はありません。もっと言えば、思

考や意識は邪魔になります。

「ボールがきた。バットを振ろう」とか「内角にきた。脇を締めよう」などと体に命令していたのでは間に合いません。「意識」が働く前に勝負をしているのです。

つまり、大事なのは「無意識」の働きというわけです。一瞬の勝負で力を発揮するには、「意識」ではなく、「無意識」を働かせることが重要なのです。

そして、無意識が最大限に働くのが、心が静まり、気が出ているときです。人間は、この状態のときに心を自在に使うことができます。また、能力を最大限に発揮することができます。このように必要なことに集中して、全身全霊で物事をおこなうとき、私たちはすごい力を発揮できるのです。

私たちの心と体は、本来ひとつのものであり、これを「心身一如」と言います。心身一如になっているときは、心と体を自在に使うことができます。

ところが、何かを強く意識しすぎたり、心が乱されたりすると、心と体はバラバラになってしまいます。これを「心身分離」と言います。この心身分離の状態では、私たちは心と体をうまく使うことができません。このため、せっかく持っている力も発揮できなくなってしまうのです。

大事なのは「力に頼る」のではなく「力を抜く」こと

ドジャースの選手たちは、私の指導から何を得たのでしょう?

突き詰めると、それは「いかにして全身から余分な力を抜くか」であり、「いかにして心を静めるか」ということです。

たとえばスポーツの世界では、「より大きな力が出るように」と筋力を鍛えることを重視してきました。もちろん、これはとても大事なことですが、そうやって鍛えた力を効果的に発揮するには、全身の余分な力を抜いていることが不可欠です。しかしながら、その「余分な力を抜く」というトレーニングが足りていないように思います。

また、根性や強気など、「心を強くする」ことが重視されてきました。もちろん、これも勝負においては大事なことです。しかし、その「強い心」になるためには、心が静まった状態でなければならないのです。ところが、「心を静める」というトレーニングはほとんどされてこなかった、というのが実状でしょう。

ドジャースの指導をしているときも、それを随所に感じました。

たとえばバッティングでは、構えるときもスイングするときも、何から何まで「力いっぱい」の選手が多くいました。

コーチは「もっと力を抜け」と言うのですが、選手は力んだままです。

なぜか？　それは、どうやったら力を抜くことができるのかを知らないからです。

「力を抜いたら、力が出なくなってしまうのではないか」と恐れているのです。

そして、彼らは自分が最も得意とする「パワー」に頼ってしまうのです。

このように「力に頼る」ことは、「本来の力を阻害する」ことになるのですが、それに気づいていません。その結果、本番で力を発揮できず、せっかくの才能を埋もれさせてしまっているのです。

もし、あなたが本番で、本来の力を存分に発揮したいなら、「余分な力を抜くこと」と「心を静めること」を知るべきです。そして、そのための方法を手に入れるべきです。

その軸となるのが「気の呼吸法」なのです。

誰もが、自分でも驚くような力が出せる

じつは、この本の執筆中、私は「気の呼吸法」の威力を改めて実感していました。『あさイチ』というNHK総合の番組に出演したときのことです。『あさイチ』は全国の幅広い層に向けた生放送の情報番組です。しかも今回は、番組の最初から最後までの出演。

生放送は失敗の許されない一発勝負です。そう思うと、さすがに緊張してきました。こんなときには「気の呼吸法」です。オンエアを前に、スタジオの隅で1分ほど深く呼吸をすると、心と体はすっかり落ち着きました。

生放送の現場は本当に慌ただしく、絶え間なく指示が送られてきます。ですから、私のような素人は、どうしても圧倒され、気が滞りがちになります。

しかし、本番が始まっても私は完全なリラックス状態でした。刻々と変化する状況や出演者の言動に対して、柔軟に、そして的確に対応することができました。

おかげさまで、70分ほどの生出演は、とても気持ちよく終わりました。現場の雰囲気のよさは画面からも伝わったのでしょう。番組は大好評でした。

ちなみに、この日の『あさイチ』のタイトルは「ムダな努力よサヨウナラ！〝合気道的生活〟のススメ」というもので、心身統一合氣道を土台にした日常のコツを紹介しました。

姿勢を少し変えるだけで、日々の疲労が軽減したり、家事がラクになったり。あるいは、心の向け方でストレスが激減したりすることを、出演者やモニターのみなさんに実体験してもらうという内容です。

「自然な立ち方」も体験してもらいました。出演者のみなさんに、23キロの灯油タンクを両手に持ち（合計46キロ）、立ってもらうという試みです。相当な重さですが、結果は、全員が「重さを感じない」という様子で、スッと立ち上がったのです。

スタジオは騒然としました。当人たちも驚いています。なかでも「ふだんは非力」と言うMCの博多大吉さんの反応が大きく、「え？　怖い怖い！」と声を上げました。

力を抜くことで真の力を発揮する――。自分の中に隠れているすごい力に、出演者全員が驚いたのです。

「気の呼吸法」と『鬼滅の刃』の「全集中の呼吸」の共通点

ところで、「気の呼吸法」をすると、なぜ、ここ一番ですごい力が出るのでしょう？「たかが呼吸でしょ。そんなに威力があるの？」と思う人もいるかもしれませんね。

読者の中には、人気漫画『鬼滅の刃』を連想した人もいるのでは？

主人公の竈門《かまど》炭治郎や鬼殺隊のメンバーが、「全集中の呼吸」で鬼をやっつけていきますが、この炭治郎たちの呼吸と「気の呼吸法」は、たしかに共通している部分があると言えそうです。それは、次のような点です。

・周囲のことを鋭敏に感じとれること
・心が静まり、心を自在に使えること
・全身全霊で物事をおこなえること
・余分な力を抜いていること
・目の前のことに必要な力を集中して使えること

『鬼滅の刃』では、炭治郎たちが戦う鬼たちは、ありとあらゆる妖術をくり出してきます。初めてみる妖術に対応するわけですから、心が静まっていて、周囲を鋭敏に感じ取れる状態でなければいけません。

また、鬼たちは幻影なども駆使しますが、それらに惑わされないためには、心が「何か」にとらわれず、自在に使えなければなりません。

さらに、鬼を一瞬で仕留めるためには、すべての力を集中して出さなければなりません。このためには、余分な力が入っていないことや、全身全霊であることが前提となるのです。

このように考えると、共通点はたくさんあります。ただ、大きく違うのは、呼吸の仕方です。炭治郎たちの「全集中の呼吸」は、瓢簞《ひょうたん》が割れるほど強い息を吐く訓練をしますが、「気の呼吸法」は正反対で、深く静かに息を吐き、吸います。

『鬼滅の刃』は漫画ですから、同じ土俵で語ることはできないのですが、呼吸の根底にあるものや、ここ一番で自分の持つ力を最大限に発揮する、ということでは一致していると言えるのかもしれません。

「気の呼吸法」はなぜ、ここ一番で力が出るのか

どうですか？　気の呼吸法について、もっと深く知りたいと思っていただけたのではないでしょうか。

この章の最後に、気の呼吸法が、なぜここ一番で力を発揮できるのか、その仕組みについて簡単に説明しておこうと思います。

やり方やくわしい話については、次章以降にじっくり話しますので、ここでは要約と思ってお読みください。

【気の呼吸法の特徴】

気の呼吸法は、全身から余分な力を抜いて、臍下《せいか》の一点に心を静めておこなう呼吸です。この点で、「何秒吸って何秒吐く」とか「力を入れて吐く」という呼吸法とは対照的です。

【ここ一番ですごい力が出る理由】

①気の呼吸法と「気」の関係

↓臍下の一点に心が静まり、四方八方に気が出て、周囲と気が交流する

②気の呼吸法と「心」の関係

↓周囲と気が交流するため、周囲のことを鋭敏に感じとれるようになる（心が静まる）

↓すると、心が余計なことに惑わされなくなる（心が動じなくなる）

↓すると、心を使うべきところに使えるようになる（集中できる）

③気の呼吸法と「体」の関係

↓心を自在に使えるため、体が不要な緊張から解放される

↓リラックスして本来の力を発揮できる

以上のことをまとめると、こうなります。

気の呼吸法
↓心と体が天地と一体となる（気が出る）
↓周囲の状況を正しく理解できる
↓必要なことに集中し、余分な力を抜いて全身全霊で物事をおこなう
↓ここ一番ですごい力を発揮できる

本書は「自然な立ち方」「心の向け方」など、呼吸法とは一見別のメソッドからもお伝えしていきますが、最終的にはこれらすべては「気の呼吸法」を中心に、「ここ一番ですごい力を発揮する」ことにつながっていることが、実感を伴ってご理解いただけると思います。あなたの心や体と向き合いながら、じっくりと読まれることをおすすめします。

なお、心身統一合氣道会では、「気」ではなく「氣」の字体を用います。これは、気は止める（〆）のではなく、四方八方に広がっている（米）ことが本来である、という教えに由来しています。従いまして、心身統一合氣道会では「氣の呼吸法」などと表記するのが正しい表記ですが、本書では、わかりやすく「気」の表記を用いています。

1章

あなたが力を発揮できない本当の理由

――自分のことを、わかっていますか？

ここ一番で多くの人は「上がる」と言います。
あなたの何が、どこに「上がる」のでしょう。
努力をして能力もあるのに本番で力を出せない。
それは技術以前に問題があるのかもしれません。
見逃されがちな重要ポイントを自覚しましょう。

自覚がないままに力んでいる不幸

私は心身統一合氣道の人間ですが、道場以外でも、各種研修や講演、出張指導など、多くの方に指導する機会をいただいております。ジャンルは、スポーツ、文化・芸術、企業やお店、学校や部活動……まさになんでもありで、前章で話したドジャースでの指導もそのひとつです。

そうした現場で強く感じるのは、多くの人が「ムダに力んでいる」ということです。つまり「体に余分な力が入っている」のですが、ほとんどの人は「力んでいる」という自覚がないのです。

ドジャースの選手たちもそうでした。たとえば、ある投手は「威力のあるボールを投げよう」として、全身に余分な力が入ります。このため体の軸がぶれて、不安定な投げ方になっていました。また、ある打者は「速球に負けないスイングをしよう」と肩や腕に余分な力が入り、シャープなスイングができなくなっていました。

余分な力みが、彼らの才能を邪魔しているのですが、それに気づいていません。それで結果が出なくて、ますます余分な力が入る、という悪循環に陥っていました。

パワーの弊害も見られました。パワーがあること自体は、とてもよいことです。しかし、パワーがあるがゆえに力に頼り、不要な力まで入れてしまうのはよくありません。これでは、せっかくのパワーを活《い》かせないどころか、故障へとつながりかねません。

力の抜き方を知らないために、あるいは、力に頼ってしまうために、せっかくの能力を台無しにしている人たちが、世の中にはごまんといます。

これはとても悲しいことだと思います。せっかくの才能や、それまで努力して高めてきた能力が、「余分な力を入れること」によって阻害されているからです。

そこで本章では、あなたの体にも余分な力が入っている、という事実を知ってもらおうと思います。

自分自身の力みに気づくことが、「力を抜くこと」への第一歩になるのです。

じつはあなたも力んでいる

生活のさまざまな場面で、体に注意を向けてみましょう。

今、本を読んでいるとき、体のどこかに余分な力が入っていませんか？

本を読むのに力は不要なはずですが、おそらく肩のあたりに力が入っているのではないでしょうか。

スマートフォンを手にしているときはどうでしょう？　何を見ているかによっても違うと思います。気楽な動画を見ているときはリラックスしているでしょうが、仕事のメールを読むときなどは、顔や目に力が入っているのではないでしょうか。

パソコンのキーボードを打っているときはどうですか？　肩が上がっている人が多いようです。これも余分な力が入っている証拠です。

電話をしているときは？　必要以上にギュッと握っているのではないでしょうか。

電車に乗ったときは？　つり革を持つとき、ほとんどの人は肩が上がっています。また、隣に誰かが座ると、たいていの人は体をギュッと硬くします。

歩いているときはどうでしょう？　朝の通勤通学の時間帯には、力が入っている人をよく見かけます。人とぶつかってフラッとするのも、不要な力が入っているのです。

会話をしているときは？　たとえば、嫌な話を切り出すときは声が硬くなりますね。これは体に力が入っているからなのです。

いかがでしょう？　改めて注意を向けてみると、意外と力んでいる場面の多いことに気づくはずです。つまり、余分な力を入れて生活しているわけですが、その自覚がないのです。

「上がっている」というのは、何が上がっているのか？

緊張した場面などでは、よく「上がっている」などと言います。大事な発表会や試合の前に、「どうしよう、上がってきちゃった」などと話した経験があるでしょう。

では、お尋ねします。

「上がっている」というのは、何が、どこに上がっているのでしょうか？


多くの人は、「上がっている」という感覚はわかります。また、「上がる」とよくないことも知っています。でも、何が、どこに「上がっている」のかを知りません。

この答えがわかれば、「上がっている」ときに対処ができるようになります。「上がった」何かを、元の位置に下げればよいのですから。


何が、どこに、上がったのか？

それは、「意識」が、「頭」に上がったのです。別の言い方をすると、頭で考えすぎている状態を「上がっている」というわけです。

たとえば、発表会の前には、「大丈夫かな」「失敗したらまずい」「うまくやらなきゃ」などと、頭の中は不安でいっぱいになりますよね？　これが「上がった」状態です。

試合の前には、「強そうな相手だな」「やばいな」「本当に勝てるかな」と、弱気がどんどん出てきます。勝利にはなんのプラスにもならないことを考えてしまい、「上がる」のです。

試験の前もそうです。「どんな問題かな」「あれが出たら嫌だな」「60点とらないと不合格だ」などと、余計なことに頭を使って「上がる」。そして我を忘れ、名前を書き忘れたり、問題を読み飛ばしたりといった、あり得ないミスを引き起こしてしまうのです。

大事な場面になるほど、考えても仕方のないことが頭に浮かんできます。そして、余計な考えで頭の中がいっぱいになる。こうして、「上がっている」と気づくのです。

そうなると今度は、「落ち着こう」とか「目の前のことに集中しよう」と思います。しかし、「落ち着こう」「集中しよう」と自分に命令することは、意識をさらに上げてしまうことになるのです。

あなたは正しい立ち方ができていない

先ほどはみなさんに、生活のさまざまな場面で、余分な力が入っていることを確認してもらいました。今度は、立っている姿勢をチェックしてみます。

これは、前章で紹介したドジャースの選手たちにお伝えした方法です。私たちはこれを「気のテスト」と呼んでいます。

このテストによって、あなた自身「正しい立ち方」ができているかを知ることができます。それと同時に、「体に余分な力が入っていること」や「意識が上がっていること」も確認できます。一度にいくつものことがチェックできる、とても便利な確認法です。

一般的に、「正しい立ち方」というと、学校で習った「気をつけ」が思い浮かぶでしょう。先生に次のような注意をされませんでしたか？

・背筋はピンと伸ばして！
・胸を張って！　あごを引いて！
・指先を伸ばして、体の横につけて！
・脚をピンと伸ばして、かかとをつけて！

じつは、この「気をつけ」の姿勢は、余分な力がかなり入っています。

◈「気をつけ」の姿勢は、じつは不安定

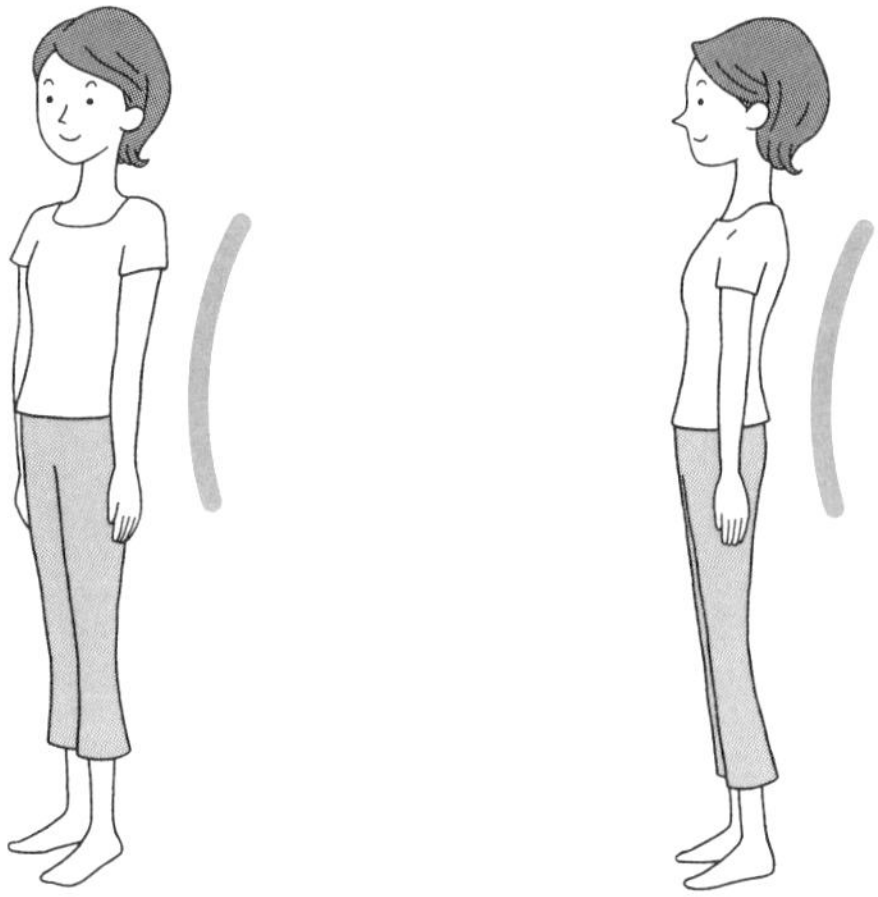

「気をつけ」の姿勢。上半身に「不要な力み」がある状態。右画のように、真横から見ると、胸を張った状態で、上体が反っている人が多い

みなさんに、それを実感してもらいます。いったん本を置いて、上のイラストのように「気をつけ」の姿勢で立ってみてください。

どんな感じがしましたか？　緊張や力みを感じたことでしょう。

じつは、この「気をつけ」は学校では正しい立ち方かもしれませんが、「ここ一番で力を発揮しよう」という人にとっては「正しい姿勢」とは言えません。なぜなら、しっかり立っているようで、しっかり立てていないからです。

その証拠に、気をつけの姿勢で立った人は、とても不安定になっています。ちょっ

と押しただけでも、バランスが崩れてしまうのです。
それを確認する方法が「気のテスト」です。じっさいに試してみましょう。

あなたは不自然でバランスの悪い立ち方をしている（気のテスト①）

気のテストは、「テストを受ける人A」と「確認する人B」の2人でおこないます。
次のような手順で、やってみてください。

①Aは、「気をつけ」の姿勢で立ちます。
背中を伸ばし、胸を張って、あごを引きます。指先も伸ばして体の横につけます。両足のかかともつけてください（次ページのイラスト①）。
②Bは、Aを軽く押してみます。
胸の上あたりを、水平方向に静かに押してみてください（イラスト②）。
＊このとき、Aはふんばったり、抵抗したりせず、ただ立っているだけにします。

◆「気のテスト」で不安定な姿勢を自覚する

①
テストを受ける人は「気をつけ」の姿勢で立つ
②
確認する人は、受ける人の胸の上あたりを軽く押す
③
軽く押されただけなのに、簡単にバランスを崩してしまう人が多い

どうでしょう？　Aの人はしっかりと立っていられたでしょうか？

おそらく簡単にバランスを崩してしまったのでは？（イラスト③）

あなたが簡単に動いてしまった理由は明白です。余分な力が入っていたために、不安定な姿勢になっていたのです。つまり「正しい立ち方」ができていなかったわけです。

気のテストをすると、こんな反論が返ってくることがよくあります。

「押されれば動くのは当たり前。立ち方が悪かったわけではない」と。

では、そんな方にお尋ねします。もしこれが物体だったらどうでしょう？

バランスのとれた50～60キロのおもりは、片手で軽く押して動くでしょうか。

おそらく動きませんね。簡単に動くとしたら、それはバランスが悪い場合です。

つまり、簡単に動いてしまうのは、姿勢という土台を失っていることの何よりの証《あかし》、というわけです。

自然で安定した立ち方を知る（気のテスト②）

今度は、安定した立ち方を試します。先ほどと同じで、「テストを受ける人A」と「確認する人B」の2人でおこないます。次のような手順で、やってみてください。

①Aは、つま先立ちをします。最初は姿勢が安定せず、体が左右・前後にふらつくかもしれませんが、体に余分な力を入れずに、自然にバランスがとれる位置を探しましょう（次ページのイラスト④AB）。

＊安定しないときは、一度かかとを下ろしてからやり直します。

＊それでもうまくいかない人は、その場で軽く足踏みをしましょう。気をラクに、ふたたびつま先立ちをします。

＊安定しない人は、つま先立ちをしたときに上体が反る、頭が前に出る、肩が上がるといった傾向があります。確認者Bはそれを伝えてあげましょう（55ページのイラスト

◆「気のテスト」で自然に安定した姿勢を知る

④A

④B

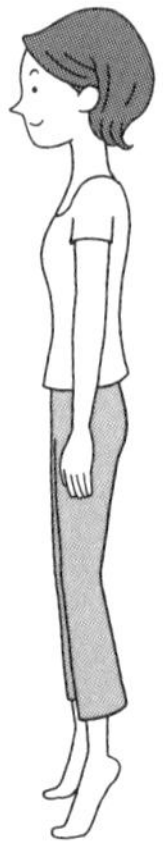

つま先立ちで、余分な力を入れずに自然にバランスがとれる位置を探す

⑤

つま先立ちでバランスがとれたら、ゆっくりかかとを下ろす

⑥

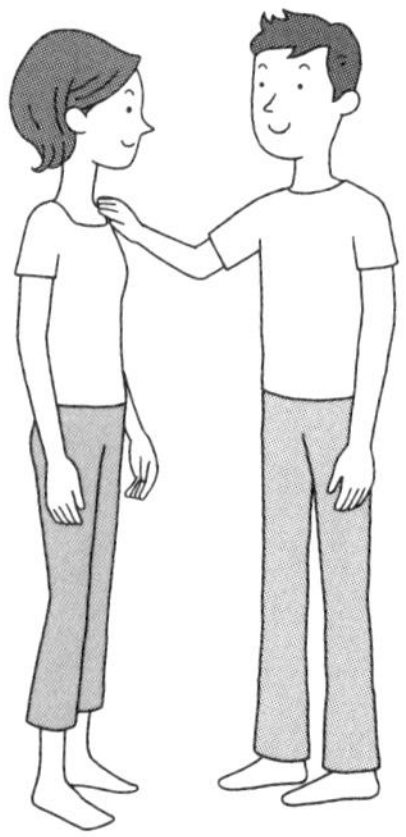

確認する人は、胸の上あたりを軽く押す。今度は押されても安定している

重要ポイント! このとき、テストを受ける人は、ムリにふんばったり、力を入れたりしないこと。バランスがとれていれば自然に安定している

なかなかバランスがとれない人は……

⑦A

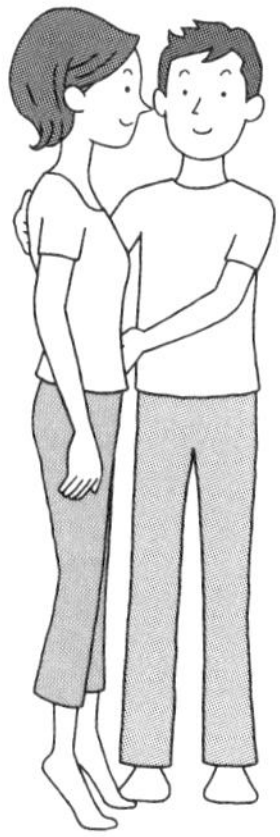

⑦B

なかなかバランスがとれないときは、確認する人が、肩や腰などに優しく手を添えるとバランスをとりやすい

⑦C

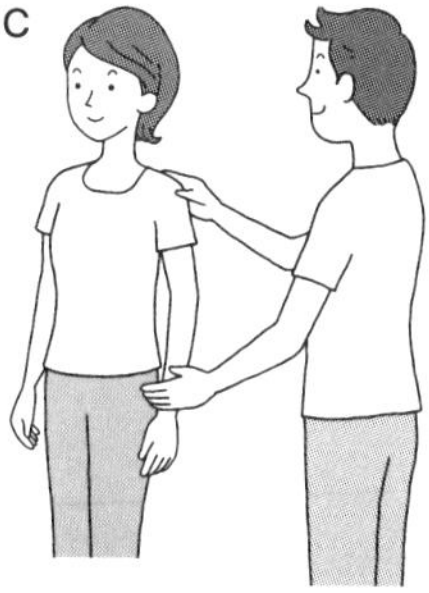

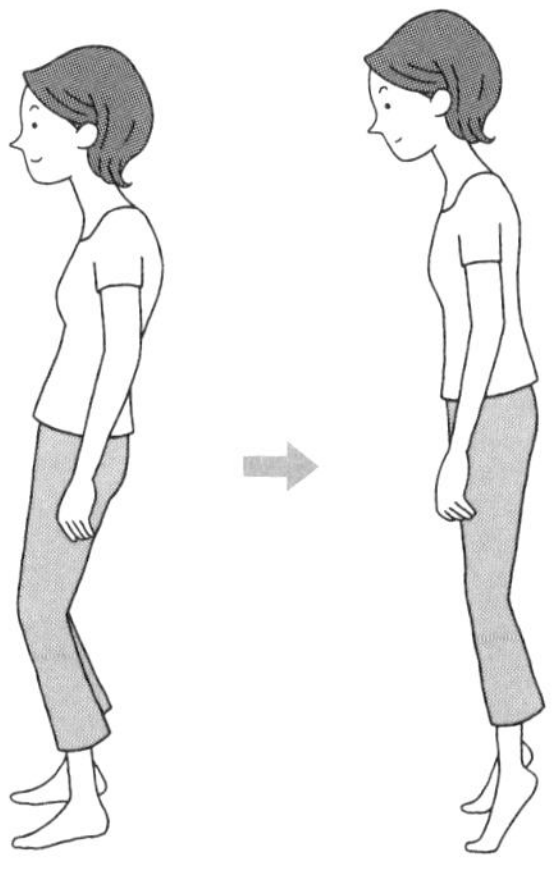

元の姿勢が悪い人、たとえば視線が落ちている人は、つま先立ちをしたときに、バランスがとりづらい

⑦ＡＢＣ）。

②Ａは、つま先立ちでバランスをとれたら、ゆっくりかかとを下ろします。そして、そのまま動かず、静かに立ちます（54ページのイラスト⑤）。

③Ｂは、Ａを軽く押してみます。

胸の上あたりを、水平方向に静かに押してみてください（イラスト⑥）。

どうでしょう？　今度は先ほどよりも動かずに立っていられたのでは？　とくに力を入れているわけではないのに、「気をつけ」の姿勢より安定していたのではないでしょうか。

これは、体に入っていた余分な力を抜くことができたからです。余分な力を抜くと、自然に安定した姿勢になるのです。本書では、これを「正しい立ち方」としています。「パフォーマンスで最高の力を発揮する」という目的においての正しい立ち方です。

ちなみに、「力を抜く」ことと、「力が抜ける」ことは、根本的に違います。「力を抜く」のはリラックス」であり、「力が抜けるのは虚脱状態」であると、心身統一合氣道では、この二つを明確に区別しています。虚脱は必要な力まで抜けた状態であり、これでは思うようなパフォーマンスができません。ここ一番でも力を発揮できなくなってしまいます。

正しい姿勢は、なぜ自然に安定するのか？

つま先立ちをして姿勢を安定させ、かかとを静かに下ろす。

たったこれだけのことで、なぜ姿勢が安定したのでしょう？　なぜ余分な力を抜くことができたのでしょうか？

その秘密は、足先にあります。

つま先立ちで体が揺れたとき、姿勢が安定するために、足先に自然に注意が向いたはずです。その状態で静かにかかとを下ろしました。

つまり、つま先立ちをすることで、しっかりと足先に気が通《かよ》ったのです。

いっぽう、気をつけの姿勢のときは、足先に注意は向いていませんでした。「背中を伸ばそう」とか「指先を伸ばして」などと、注意が上半身に向いていて、意識が上がってしまったわけです。このため、気が足先に通っておらず、上半身には余分な力が入っていました。だから、簡単にバランスが崩れてしまったのです。

反対に、足先に気が通った状態であれば、それだけでバランスがとれているので、体を支えるために余分な力を使わずに済みます。すると、本来の、自然に安定した立ち方になるのです。

「立つ」という動作は、すべての動きの土台となるものです。体から余分な力を抜き、自然にバランスのとれた立ち方ができれば、よいパフォーマンスができ、本来の力が発揮できます。逆に、余分な力が入っていたり、力の抜けた虚脱状態だったりすると、不安定な立ち方となってしまうため、パフォーマンスは低下し、本来の力が発揮できなくなるのです。

本書では、心身統一合氣道の考えに基づき、どんな状況においても自分の力を最大限に発揮できる姿勢を「正しい立ち方」あるいは「正しい姿勢」と表現しています。

世間一般の認識として「正しい」とは「絶対的なもの」を指すことが多いようです。「正しい姿勢」と表現すると、「この姿勢だけが正しくて、ほかの姿勢は間違っている」と思うかもしれませんが、そうではありません。「正しい」とは目的に対して決まるものです。本書の「正しい姿勢」とは、パフォーマンスを最大限に発揮する目的においてのことと、ご理解いただきたいと思います。

安定とは単にバランスがとれた状態ではない

「姿勢が安定する」とか「姿勢が不安定になる」という話をすると、多くの人が間違いやすいことがあります。ポイントは次の2つです。

ひとつは、「姿勢が安定する」ことと「物理的なバランスがとれている」ことはイコールではない、ということです。

「姿勢が安定する」とは、「心の状態も体の状態も安定している」ことです。

心は体に大きな影響を与えていて、心の状態が乱れてしまうことで体のバランスが崩れてしまう、つまり、姿勢が乱れることになるのです。

優秀なフットサル選手を指導したことがあります。フットサルでは相手選手から強烈な当たりがあるそうで、30代後半となったこの選手は、フィジカルの低下とともに当たり負けすることが増えたそうです。激しい当たりに心が動揺していては姿勢が安定しませんし、姿勢が乱れてはパフォーマンスを発揮できません。「今の体力で、どうしたら姿勢を安定させられるのか」「どうすればより長く選手として活躍できるのか」を、この選手は追求していました。

そして、心身統一合氣道の稽古を通じて、「姿勢が安定する」とは、単に体のバランスをとることではない、と気づいたのです。「心が安定するから姿勢も安定するのだ」と。

それからは、自分の中に中心を保ち、外からの刺激に心が乱されることがないように、練習前に必ず基本となる姿勢を確認するようになりました。

もうひとつのポイントは、「安定」とは、動かないことではないということです。

コマが激しく回るとき、その動きは静止して見えます。本書でいう「安定」とは、まさにこの状態です。いっぽう、コマの回転が止まって倒れ、停止している状態があります。止まっているという点では同じですが、これは本書でいう「安定」ではありません。

この2つの状態は、「静止」と「停止」で、根本的に違うものです。停止した状態では、パフォーマンスを最大限に発揮できないことは明白でしょう。つまり、安定した姿勢とは、バランスがとれているだけでなく、いつでも瞬時に動くことができる姿勢なのです。

静止には大変な力がありますが、停止にはまったく力がありません。止まって動いていないように見える姿勢も、停止しているのではなく、静止しているのです。夜、休んでいるときですら、体は動きつづけています。動かなくなったら大変なことです。

しかし、私たちの心は、いとも簡単に停止してしまいます。たとえば、「安定を求めると人は腐る」とよく言われますが、それも停止のひとつでしょう。

静止と停止の違いを知ることは、とても大切です。本書では「心を静める」という表現がくり返し出てきますが、これも静止のひとつです。

「心を静める＝鈍くなる」ととらえる人がいますが、正しくありません。心を静めることによって、目的に対しての心身の状態が整っていきます。戦う前提であれば「戦う」方向に、休む前提であれば「休む」方向に整えてくれるのです。結果として、持っているパフォーマンスを最大限に発揮できます。

ドジャースの例で言うと、選手たちは大事な場面に臨む前に「気の呼吸法」を実践し、さらに彼らは、夜休む前にも実践していました。「戦う」のも「休む」のも、どちらも重要だからです。

気のテストをおこなうときの大きな間違い

もし、あなたが大事な場面で力を発揮したいのなら、正しい立ち方を覚えることが大切です。安定した姿勢でなければ、安定したパフォーマンスができないからです。また姿勢が不安定なら、体はバランスをとろうとして、余分な力が入ってしまうからです。

しかし、ここ一番というときに、いきなり「正しい姿勢」を試しても、うまくいく保証はありません。付け焼刃のものでは、やはり、もろいからです。

真に正しい姿勢を体得したいなら、くり返し「つま先立ち」をおこない、心身が安定した自然な状態を、あなたの中に覚えさせておく必要があります。

そうすれば、「いざ本番」のときにも、それを取り出せます。すると、とっさの動きにも、それが表れるようになるのです。

気のテストをおこなうときに、絶対に注意してほしいことがあります。

それは「押されて動かない状態が正しい」と思わないことです。

このようなカン違いをして気のテストをおこなうと、押されたときに抵抗したり、ふんばって耐えたりします。それは「自然に安定した状態」とは別物です。

気のテストでは、「動かないこと」が重要なのではなく、自然に安定した状態であることが重要なのです。気が足先に通い、体から余分な力を抜いている状態です。

その本質を理解せず、「押されても動かない」というカタチだけを求めると、中身のない、空っぽの実践になってしまいます。

意識が上がったら下ろせばいい。上がりっぱなしにしないことが大切

この章では、あなたの体にいかに不要な力が入っているかを自覚してもらいました。

また、気のテストによって、正しい立ち方ができているかどうかも、確認してもらいました。意識が上がると体に余分な力が入ること、そして立ち方にまで影響を及ぼすことを、あなた自身の体を通して感じてもらえたことと思います。

ところで、意識を上げているのは誰でしょう？

言うまでもありませんね。意識を上げたのは、あなた自身です。

だとしたら、対策はひとつです。あなたがそれを下げればいいだけです。

上がったものは下げればいいのに、「上がったまま」にしておくから、問題が起きるのです。

たとえば高校野球などでは、5～6点差が一気にひっくり返るような場面をよく目にします。逆転される側のチームでは、「まずい」「どうしよう」という意識がどんどん高まっていき、それとともに体はどんどん固まっていきます。そして、本来持っている力を発揮できなくなってしまうのです。

ドジャースの指導でも、こんなシーンがありました。

ある投手が、フォアボールを機に、ストライクが入らなくなりました。意識が上がったためにフォームが崩れたのです。私は試合後、投手にこう話しかけました。

「ランナーが塁に出ると、点が入るの？」

すると、彼は怪訝《けげん》そうな顔でこう言います。

「え、先生はルールを知らないんですか？」

「知っているよ。だから聞いているんです。1塁にランナーが行くと点が入るの？」

「点は……入りません」

「だよね。じゃあ、仮に満塁になったとして、それで点が入るの？」

「いや……入りません」

「だよね。次に打たれたら点が入るんだよね。じゃあ、打たれなければいいじゃない」

「たしかにそうですが……」

「フォアボールでランナーが塁に出て、意識が上がっていたでしょう。それが問題！　上がったらリセットすればいい。その方法は教えましたね。呼吸法や正しい姿勢の確認。それをやってみようよ」

「ああ、そうでした。上がった意識を下ろすことを、僕は忘れていました」

たったそれだけのことなのに、球威が戻り、制球もよくなります。そして、見事に次の試合では、本来の力を発揮できたのです。

そもそもの「心の向き」に問題がある

上がった意識を下げることも大切ですが、そもそも「上がる」のは「心の向き」に問題があるのかもしれません。

あなたは、こんな経験はないでしょうか？

「人に見られている」と意識したとたん、体の動きがぎこちなくなった。

じつは、私にも苦い思い出があります。小学6年生のときでした。卒業式で、卒業生一人一人が校長先生から卒業証書を受け取る場面がありました。会場は厳粛な雰囲気に包まれています。そんな中、いざ本番を迎えて壇上に上がると、全員の視線がいっせいに注がれるのを感じました。その瞬間、私の体は固まってしまったのです。

歩こうにも一歩が出ない。ようやく歩き出したときには、右足と右手が同時に出る、おかしな歩き方になってしまったのです。会場のあちこちに笑いが起こりました。今ではそれこそ笑い話ですが、当時の私にとってはショックな出来事でした。

じつは、心には、内向きと外向きがあります。

心が内向きのときは、物事を狭くとらえるようになります。自分のことしか見えないので、他者から「見られる」という状態になり、「上がって」しまうのです。

意識が上がると、体もこわばり、うまく動かなくなります。手足が同時に出るようなぎこちない動きになってしまうのは、このためです。

いっぽう、心が外向きのときは、物事を広くとらえられるようになります。周囲のことが見えているので、他者を「見る」という状態になります。このため心は静まり、冷静に物事に対処できます。

ここ一番では、心は内向きになりがちです。

では、どうしたらよいのでしょうか？　答えはひとつ。心を外に向けるのです。

「見られる」のではなく、「見る」ようにすればよいのです。

私は1000人くらいの方の前で講演をすることがあります。このとき、もし「1000人から見られている」と内向きの心にしたら、緊張して大変なことになるでしょう。それこそ小学校のときと同じで右手と右足が同時に出てしまうかもしれません。

しかし、今の私がそうならないのは、外向きの心で「1000人を見ている」からです。だから大丈夫なのです。

具体的には、「今日この中に誕生日の人はいるかな」とか「平均年齢は何歳くらいかな」「あの人はどこからきたのかな」という感じで、相手を「見る」ようにしています。こうして外向きの心でいると、相手の視線はまったく気にならなくなります。ぜひ試してみてください。

迷いがあなたの心と体を動かなくする

「心の向け方」について、もうひとつ話しておきましょう。

それは「迷い」という問題です。「あっちに行くかこっちに行くか」と心が定まらないときには、人間は、どちらにも動けなくなってしまうのです。

心身統一合氣道には、「多人数掛け」という稽古があります。複数の人がいっせいに襲いかかってくることを想定したものです。

ちょっと想像してみてください。周囲に5～6人の敵がいて、あなたに襲いかかろうとしています。こんなとき、あなたならどうしますか？

逃げるか、待ち構えるか……？　おそらく、そうやって迷っているうちに固まってしまうことでしょう。

この多人数掛けの鉄則は、自分のほうから一人一人に向かって対処していくことです。積極的に相手に向かっていき、ひとりずつ相手にします。つまり、迷わずに心を決める訓練という言い方もできるのです。

一人一人に向かっていくときは、心は外に向いています。しかし、迷っているときは、心が内側に向いているわけです。

人間はとかく迷ってしまう生き物です。しかし、迷えば固まるのは天地自然の摂理。心も体もひとつしかないからです。

さまざまな場面で、みなさんも迷うことでしょう。

たとえば、ピッチャーはマウンドで「カーブか、直球で勝負か？」と迷います。こんなときは、自分の得意な球を投げたらよいのです。心を決めて投げれば、気の入ったボールが行くものです。もし、それで打たれるなら仕方がありません。相手の力が上だったと諦めもつくでしょう。

迷いながら投げれば、気の入っていない球になります。ボールには勢いがなく、打たれてしまうのは明白です。そして後々まで、選択を誤ったと後悔するのです。

このような場面でも、「気の呼吸法」が強い味方になってくれます。呼吸を整えると、心は静まり、心が決まります。心を目標にしっかり向けられるのです。

「落ち着く」って、何をどうするかが明確でない

上がったとき、誰もが「落ち着こう」とか「リラックスしよう」と思います。しかし、そもそも「落ち着く」ということ自体、何を、どうすることか、明確ではありません。上がっている本人はおろか、指導者もそれをわかっていないのですから、どうすることもできないわけです。

スポーツの試合会場などでは、よく「落ち着け」「力を抜け」と大きな声でアドバイスをしている指導者を見かけます。しかし、大きな声で言われても、選手たちは戸惑うばかりです。

何を、どこに落ち着けたらいいのか？　どうすれば力を抜くことができるのか？　選手たちはわからないからです。もっと言うと、「力を抜いたらプレーできないだろ」と思っているのです。そのように心が混乱状態にあるときに、大きな声でアドバイスをされたらどうなるか？　心はますます乱れ、本来の力が発揮できなくなってしまうことは言うまでもありません。

「落ち着くこと」＝「意識を下げること」です。

どこに下げるか？「本来のあるべき場所」に下げてあげればいいのです。この場所が、「臍下《せいか》の一点」です。そして、意識を下げる方法が「気の呼吸法」です。これによって、意識が上がった意識が定位置に戻ります。これが「落ち着く」ということなのです。しかし、意識や心は目に見えないため、その状態を確認する方法として「気のテスト」があります。

「力を抜くこと」＝「余分な力を抜くこと」です。

どうやって余分な力を抜くか？　これも「気の呼吸法」によって可能になります。また「気のテスト」で正しい姿勢ができれば、余分な力を入れなくて済むようになります。こうしたことを知らずに、やみくもに「落ち着こう」「力を抜こう」とするから、事態は悪くなる一方になるのです。

ここ一番では、誰だって、体に余分な力が入ったり、意識が上がったりします。これは仕方ないことです。しかし、それを放っておくことが問題なのです。

余分な力は取り除き、上がった意識は元の場所に下げてあげる。たったこれだけのことで、あなたはここ一番で、自分の持つ力を発揮できるようになります。

その軸となる方法が気の呼吸法です。天地と一体であることを体得するこの呼吸法は、あなたの中にある力を最大限に引き出してくれるとともに、あなたが気づかない大きな力をも与えてくれるのです。

2章

呼吸を変えて心と体を自在に使う

――なぜ呼吸を静めると、心は静まるのか？

私たちの命は、呼吸と共にあります。
現代人の多くは、何を、どう食べるかと、
食事には注意するのに、呼吸には無頓着です。
呼吸は心と体、天地自然とつながっています。
呼吸を変えると、すべてが変わります。

心と呼吸は密接につながっている

人間は、意識が上がると余分な力が入ってしまう、ということを前章で話しました。

意識は、感情や思考という言い方もできるし、「心の働き」と言ってもよいでしょう。

たとえば、怒りやイライラ。あるいは不安や焦り、迷い。

こうした「心の力み」があると、体も力んでしまう。つまり「余分な力」が入ってしまうのです。

とくに、ここ一番では、心の力みが生じやすいと言えます。「あいつにだけは負けたくない」「本当に勝てるだろうか」「いつもよりもうまくやろう」などと、ふだんの練習では考えないようなことを考えてしまいます。そうやって、意識を上げてしまっているのです。

そんな心の力みをとる方法があります。

それは、「呼吸を静める」ということです。

なぜ、呼吸を静めると、心の力みがとれるのか？

それは、感情と呼吸が密接につながっているからです。

たとえば、怒っているときの呼吸をイメージしてみましょう。「ハースゥハースゥ」と浅くて荒い呼吸になっていますよね。

反対に、心が穏やかなときは、深くて静かな呼吸になっています。

つまり、呼吸は感情の表れなのです。

自分の心なのに、感情をコントロールするのはとてもむずかしいものです。

「緊張しないように」といくら自分に命令しても、緊張はほどけません。「怒ってはいけない」と思っても怒りは収まりません。感情をコントロールしようとすればするほど、心は乱れてしまいます。

他方で、呼吸はコントロールすることができます。

呼吸を遅くしたり、速くしたりすることは、誰でも簡単にできます。

この本のプロローグで「心身一如」の話をしましたが、心と体はひとつのものです。ですから、体が整えば、心も整います。呼吸が静まれば、心も静まるのです。

「緊張してはいけない」と心に命じても、緊張はほどけません。しかし、緊張によって浅く荒くなった呼吸は整えることができます。

気の呼吸法によって、呼吸を静めれば、心も静まっていくというわけです。

ドジャースの荒くれ者も呼吸で変わった

ドジャースの選手の実例でお話ししましょう。

若手有望選手の中に、感情のコントロールができないピッチャーがいました。とてつもない才能に恵まれ、すごいボールを投げるのですが、気性がとても荒く、自分の心をコントロールできません。そして、感情が乱れ始めると、ボールのコントロールが利かなくなってしまうのです。

味方がエラーなどしようものなら、もう大変です。ベンチに戻ってくると、グラブを壁に投げつけたり、周囲の物を蹴散らしたり、八つ当たりを始めます。

こんな調子ですから、指導陣の彼への評価は、野球の能力は「◎」なのに、選手としては「×」。すごい能力を持っているのに解雇対象になっていました。

しかし彼も、自ら望んで感情を乱しているわけではありません。感情を抑えたいのに抑えられず、そうした自分へのイライラが募って、爆発してしまっていたのです。

彼はとても苦しんでおり、あるとき私に相談してきました。

「自分の悪い癖を直したいんです。助けてくれませんか」

「わかりました。呼吸法をやってみましょう。呼吸と心は表裏一体の関係なので、呼吸を整えれば、心も整います。感情が乱れたら、呼吸を整えればいいのです」

こうして彼と私は、気の呼吸法の特別レッスンを始めました。

最初のうちは、「自分は変われるのか」と半信半疑な彼でしたが、私は「大丈夫。絶対に変われます」と、何度も励ましました。

ある日のこと。彼が登板し、味方がエラーをするシーンがありました。イライラしている様子は傍《はた》から見てもよくわかります。ベンチに引き上げてきた彼は、ドカーンと乱暴に椅子に腰を下ろしました。

「あ、またか」と思った瞬間、彼は目を閉じて「ハー」と、大きく息を吐きました。気の呼吸法を実践し、心を静めようとしているのです。

この後も、彼が深く呼吸をする姿を、何度も目撃しました。最初は訝《いぶか》しんでいたチームメイトも、彼が呼吸によって心を整えているのだと理解するようになりました。誠実に努力する姿を、仲間や指導陣は見ていたのです。彼は次第に、大事な登板を任されるようになっていきました。

あなたはどんな呼吸をしているか

じつはこの投手に対し、私は肩入れする気持ちがありました。というのも、少年時代の私は、気性がとても荒かったからです。今思えば、人一倍に感受性や責任感が強かったのかもしれません。言葉や状況を必要以上に鋭敏に感じ、受け止めていたのです。しかし、未熟なために対処できず、イライラやモヤモヤを心に溜《た》め、それを周りの人や物にぶつけていたのでした。

多くの人は自覚していないことですが、呼吸が浅くなると、外から受ける刺激は何倍にも増幅されます。ですから、心が乱れているときは、ふだんは流せるようなちょっとした出来事が、大きな心のダメージにつながってしまうのです。

そんな私に、呼吸を静めることを教えてくれたのが、師匠でもあり、父でもある藤平光一です。
気の呼吸法の訓練をつづけていくうちに、私は感情に振り回されることが少なくなっていきました。こうした経験をしているため、呼吸の重要性については、私自身が最もよく理解しているのです。

あなたは、自分がふだんどんな呼吸をしているか、自覚していますか？
ほとんどの人は、無自覚に呼吸しているので、答えられないかもしれません。
今は、どうでしょう？　ゆっくりした呼吸ですか、それとも速い呼吸ですか？
ゆっくりした呼吸の人は、試しに速くしてみてください。
速い呼吸の人は、ゆっくりと呼吸をしてみてください。
しばらく、その呼吸をつづけてみましょう。

どうですか？
呼吸を速くすると、少し気持ちが落ち着かなくなりませんでしたか？

反対に、呼吸をゆっくりすると、心が静まってくる感じがしませんでしたか。

これは、呼吸が心の表れだからです。自分では気づかないかもしれませんが、人間はイライラしているときには「イライラの呼吸」を、緊張しているときには「緊張の呼吸」を、不安なときには「不安の呼吸」をしているのです。もちろん、心が穏やかなときには、深く静かな「穏やかな呼吸」をしています。

あなたはどんな息の吐き方をしているか

今度は、息の吐き方についてお聞きします。

あなたは、どんな息の吐き方をしているでしょう？

どんなときに、最も心地よく息を吐けているでしょうか？

息の吐き方なんて、ほとんどの人は考えてみたこともないと思います。しかし、呼吸では、吸うことよりも、まずは吐くことのほうが重要なのです。

たとえば、焦っているときに心地よく息を吐いているでしょうか？

おそらく、ハアー、ハアーと短く、荒い吐き方になっていると思います。では、素晴らしい光景を見たり、好きなものを見たりしたときは、どうでしょう？登山をして、山頂から絶景を見たときには、思わず「は～！」と、心地よく息を吐いているでしょう。

お土産にいただいた箱を開けたら大好きなスイーツが現れた。こんなときも、「わ～！」と声を発しているのではないでしょうか。

気持ちが沈んだときに出るため息ではなく、感動したときや緊張がほどけたときに出る吐息です。仕事終わりにビールをゴクゴクと飲み「は～！」と吐く息もそうかもしれません。

じつは、私たちは日常で心地よい息を吐いている瞬間があるのです。力みがなく深い息の吐き方。これこそが、みなさんに覚えていただきたい「気の呼吸法」の最重要ポイントなのです。

このように息を吐くと、吸うときにも自然に力みなく、深く吸えるようになります。

話は少しそれますが、管理の厳しい環境に置かれた人は「息苦しい」と訴えますね。それは、抑圧された環境の中で、心が苦しいのです。そして知らず知らずのうちに、「抑圧の呼吸」になっています。浅い呼吸になっているため、本当に息苦しくなるわけです。

気の呼吸法は、「何秒吐いて何秒吸う」とか「静かに吸って強く吐く」というような、自分に命令する呼吸をしません。体は命令をされた時点で「抑圧の呼吸」になってしまうからです。

「息」という文字は「自らの心」と書きますが、呼吸は心そのものなのです。

どこまでも自然で、どこまでも静かで、どこまでも深い呼吸。それが気の呼吸です。

深く静かな呼吸をくり返すことで、あなたの気が周囲の気と交流をします。天地自然の気と一体化するのが、気の呼吸法なのです。

心と体の関係を知る

気や心と体についての理解を深めるために、少しだけ心身統一合氣道の話をしましょう。

心身統一合氣道では、「相手を投げる」という技の稽古があるのですが、このとき経験の浅い人の多くは、体を必要以上に力ませてしまいます。

「相手を投げよう」とか「相手を自分の思い通りに動かそう」などと考えることで心が力み、それが体の力みとなっているのです。

しかし、ほとんどの人は、自分の心が力んでいるという自覚がありません。ここが面白いところです。自分では自覚していないのに、体には正直に表れているのです。

これは「心が体を動かしている」ということの何よりの証《あかし》なのです。

このように、体の状態を通して心の状態を知ることは、心身統一合氣道の特徴のひとつですが、それは本書をお読みのみなさんにも、ぜひ知っておいてほしいことです。

人間の体には、計り知れない能力が秘められています。

先ほど体験してもらった気のテストもそのひとつですが、意識が上がるだけで、体には余分な力が入り、姿勢も不安定になります。それこそ指一本で動かせるくらいに、不自然な状態になってしまうのです。反対に、臍下《せいか》の一点に心が静まっていれば姿勢は乱れません。大男が2人がかりでつぶそうとしても動じないくらい、盤石な姿勢をとることができるのです。

これが「心」と「体」の関係です。そして、心を目標に向けてはっきりと使えていれば、とてつもない力が出ます。しかし、意識が上がり、心がはっきり使えない「心身分離」のときには、自分の能力がまったく出せなくなってしまうのです。

たとえば、家を出た後に「あ、カギを締め忘れたかも！」と心配になって戻ったことはありませんか？　これは心身分離の一例です。こんなとき、たいていカギはかかっているのですが、心ここにあらずで、体だけを使っていたため、覚えていないのです。

読書の内容が頭に入らず何度も読み返してしまう、というのも心身分離の一例です。読書中に考え事をして、心ここにあらずで、目だけで文字を追ってしまったのです。

人間は、気が周囲と交流している状態では、心と体は一体となっています。ところが何かに心がとらわれたり、誤った体の使い方をしたりすると、気が滞ってしまい、心と体はバラバラの状態になってしまうのです。

気と心の関係を知る

次は、「気」と「心」の関係について簡単に話します。

気が四方八方に出ているとき、私たちは心を自在に使えます。また、気が通《かよ》っているときには、自らの心、相手の心が伝わりやすくなります。

心身統一合氣道の技の稽古を例にして話します。

たとえば、相手の攻撃に対応する、という稽古があります。

相手が攻撃してくるとき、それを見てから動いたのでは、反応が遅れてしまいます。

では、どうするか？　相手の体が動く前に対応を始めるのです。

どうやって？　相手の心の動きを見るのです。

人間は、体を動かす前に、必ず心が動きます。「歩こう」と心が動くから、足が前に出るわけです。心が動くから、笑顔になったり、涙が出たりするのです。

相手の体が動く直前の「心の動き」をとらえるわけです。

そのときに大事なのが「気」です。気を出して周囲と交流させていれば、相手の心の動きが伝わってきます。しかし気が滞っていると、まったくわからなくなってしまうのです。

気と聞くと「なんだか怪しい」と思う人もいるようですが、そんなことはまったくありません。みなさんも、日常的にそれを駆使しています。

「気配」という言葉がありますね。「目に見えない何か」を感じることです。

たとえば、レストランや居酒屋さんで、あなたが「注文したい」と思ったときに、パッと気づいてくれる店員さんと、まったく気づいてくれない店員さんがいます。

気づいてくれる店員さんは、周囲と気を通わせているため、あなたの心の動きを察知できたのです。反対に、気づいてくれない店員さんは、気が滞っています。見ると、忙しく動き回っていたり、店員同士の会話に夢中になっていたりします。つまり、客席に向けて気が届いていないのです。

気合いが入ると意識が上がる。この矛盾は解けるか？

ここ一番では、誰もが「気合い」が入ります。すると、意識が上がってしまう……。

あれれ？　気合いを入れることって悪いことなの？　こんな疑問が生まれてきます。

その問いに対する答えはこうです。

「気合いは入っていい。意識が上がってもいい。でも、上がった意識は下げなさい」

そのための方法が気の呼吸法です。そして、気のテストで確認した正しい立ち方も、そのひとつです。気の呼吸法によって、上がった意識が下がると、体からも不要な力が抜けるようになります。

これと併せて覚えておくとよいのが「全身リラックス運動」です。これは、手っ取り早く不要な力を抜くための「裏技」と言えます。この運動をすると、全身から一気に不要な力を抜いてリラックスできます。

やり方は……と、説明するまでもない簡単な方法です。ただ、手を振るだけです。

じっさいに体験してみましょう。

全身リラックス運動で、全身の力を一度に抜く

【全身リラックス運動のやり方】

・立ち上がり、手は下に下げたままにします。手の先についた水を払うような感じで、

◆全身リラックス運動のやり方

①A

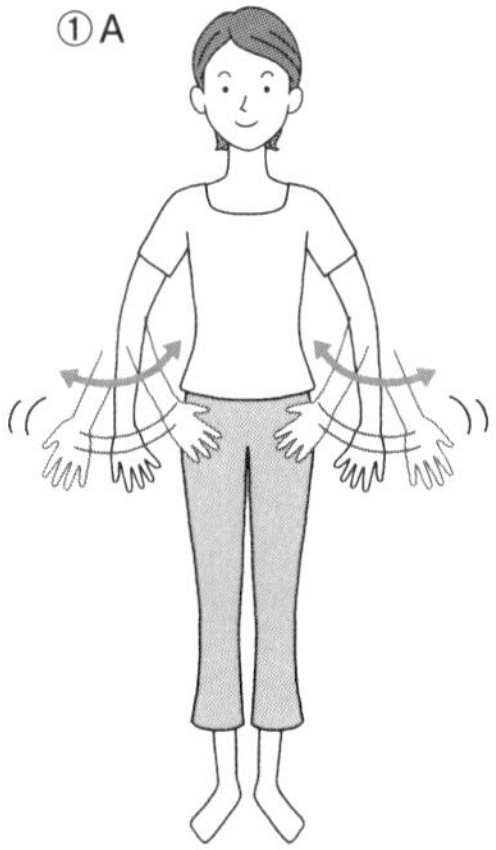

①B

手の先についた水を払うような感じで、「ぶらぶらぶら……」と心地よく指先を振る（余計な力みで固くなっているのをほどいていく感じ）。余分な力を抜くと指先を振った動きが全身に伝わっていくのが感じられる

重要ポイント! 手の振動が、全身に伝わっていく

②A

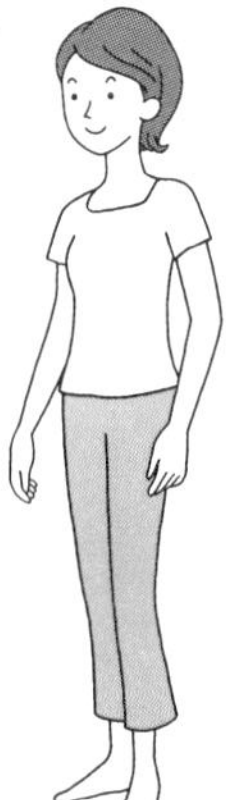

②B

全身がほどけてきたら、静かに止まる

「ぶらぶらぶらぶらぶら……」と、心地よく指先を上下に振ります（右ページのイラスト①AB）。

たったこれだけです。念のため、そのときの注意点も書いておきます。

＊速く、気持ちよく、ラクに。力は入れません。指先を振った振動が全身で感じられるのが良いときです。

＊手を振りながら、体のいろいろな部分をほどくように手を振ります。力は不要です。

＊心地よく振るには、肩やひじがほどけていたほうがいいですね。「ぶらぶら……」。

＊胸のあたりに力が入っていませんか？「ぶらぶら……」と、ほどきましょう。

＊お腹《なか》も、背中も、お尻も足も、「ぶらぶら……」とほどきます。

＊「全身がほどけてきたな」と思ったら、静かに止まります（イラスト②AB）。

＊ピタッと止まると、また力が入るので、スーと止まるのがコツです。

「本当に、こんなことで全身の力が抜けるの？」

はい、抜けます。

じっさいにやってみると、その効果がわかります。

夜、なかなか寝つけない、寝ても疲れがとれないという人がたくさんいます。じつはこれ、横になっても力んでいることで生じているのです。

【眠れないときに体の状態を確認する】

じっさいに仰向けに寝てみましょう。体のどこかに力みがないか確認してください。

どこにも力みがなければ、今はそれで結構です。

問題は、眠れないときに、どうなっているかです。

「明日も早いから寝ないといけない」などと考えているときは、心に力みが生じ、無意識のうちに体にも力が入っています。そして、意識は頭のほうにきています。体に力みがあると寝返りもしにくくなり、寝ても疲れがとれない一因になります。

横になったときに、頭がカッカッとしたり、眼をバチッと閉じていたり、胸のあたりに詰まりがあったりするときは、そのままでは眠れないのです（次ページのイラスト③）。

◆体の「力み」を確認する

〈心と体に力みがあると…〉

③

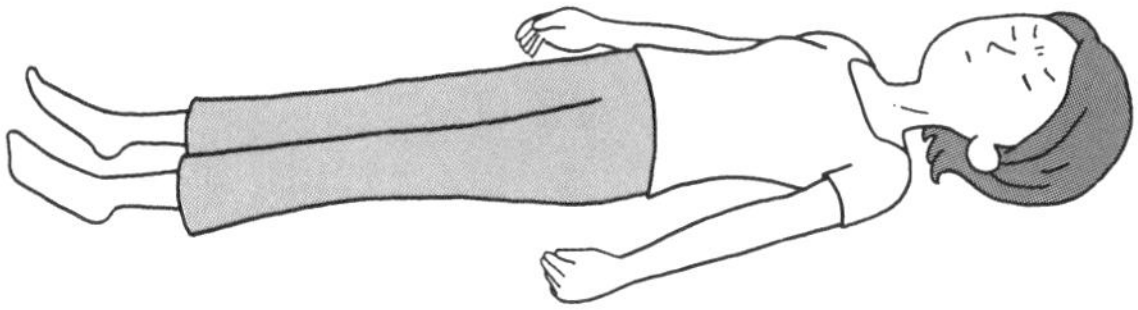

余分な力みがあると、寝たときに体が固く感じたり、力の入っている部分に圧迫感を感じたりする。眠れなくなったり、寝ても疲れがとれなかったりする

〈全身リラックス運動で力みをとると…〉

④

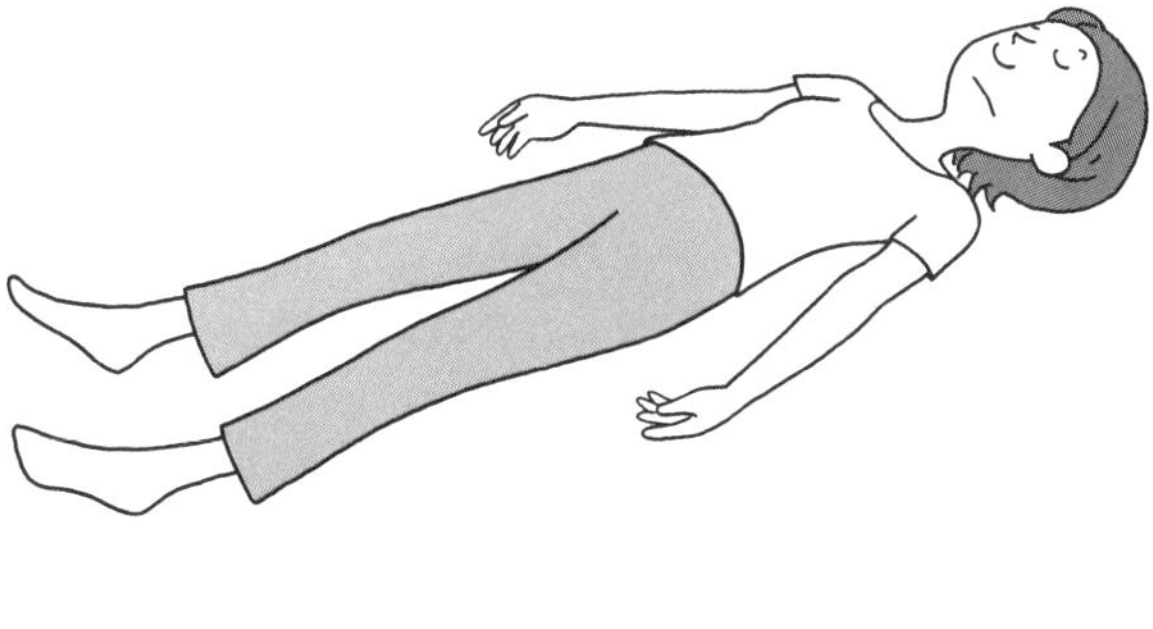

全身の余分な力みが抜けると、寝たときに体が軽く、変な圧迫感もない

【全身リラックス運動をして横になる】

今度は、全身リラックス運動をしてから横になってみましょう。

「寝る前に指先を振ったら目が覚めてしまうのでは」と思うかもしれませんが、激しい運動ではありませんし、振るのはせいぜい数秒ですので、その心配はありません。

体の力みがほどけて、指先の振動を全身で感じとることができたら、静かに止まります。

あとは横になるだけです。頭から足先まで余分な力を抜いた状態で横になると、海面の上でプカプカと浮いているような感覚になります。頭のほうにきていた意識も、足先のほうに行きます（前ページのイラスト④）。

寝ていて夜中に目が覚めてしまったときも、全身リラックス運動をすると、睡眠に戻りやすくなります。

たったこれだけのことで効果がありますので、ぜひ生活に取り入れてみてください。

さて、次章では、ここまで何度も出てきた「気」について理解を深めてもらおうと思います。「気の呼吸法」と直結する大切な話です。じっくりとお読みください。

3章

あなたが気づかない「気」の威力

——なぜ自分をわざわざ小さくするのか？

気は特別な能力ではない。
誰もが持つものだが、私たちは、
自分に固執し、気の存在を忘れている。
そして自分を小さくしてしまっている。
気を知れば、あなたの現実は一変する。

気は特別な人が持つものでも特別な能力でもない

気って何ですか？　こんな質問をされて、即座に答えられる人は、ほとんどいないでしょう。しかし、その割には、私たちは、日常的に「気」という言葉を使っています。

たとえば、気がつく、気が合う、気が向く、気が散る、気になる、気に入る、気が強いなどは、会話の中で頻繁に出てくる言葉です。

単語にもなっています。元気、勇気、根気、気分、病気、気性、雰囲気、人気、運気、活気など、心身の働きや状態を表すときに、よく使われます。あるいは、天気、空気、電気など、自然現象を指す言葉にも「気」という文字が使われます。

このように、日本人にとって「気」は、とても馴染《なじ》みの深いものです。このため、なんとなく理解はしているのですが、改めて「気って何？」と問われると、「よくわからない」となってしまうのです。

なかには、「気」を特別な人が持つ、特別な力と考える人もいるようです。

しかし、前章で話したように、「気」は特別なものではありません。誰もが持っていて誰もが活用できるものです。

というより、「あなたも私も、気そのもの」と言うことができます。

「どういうこと？」。順を追って説明していくことにしましょう。

気とは何か？

私たちは、大自然との関わりによって生きています。

日ごろ、目の前のことにばかりとらわれているために、こうしたスケールの大きなことを忘れがちなのですが、私たちは、大自然の一部だからこそ、生きていられます。

たとえば、呼吸を考えてみましょう。私たちは、空気を吸い、酸素を体の隅々まで運びます。そして、二酸化炭素を吐き出します。大気に吐き出した二酸化炭素を、植物は光合成に使い、酸素を排出する。その空気を私たちが吸う。こうした空気の循環も、大自然と私たちとの間の「気」の循環のひとつと言えるでしょう。

食事はどうでしょう？　私たちは食べ物を摂取して、栄養やエネルギーを得て、体に不要なものは排泄《はいせつ》します。その排泄物を植物は栄養にして育ち、それを私たちが摂取する。こうした連鎖もまた、大自然との関わりと言えるでしょう。

つまり、大自然との関わりなしに、私たちは生きていくことができないのです。

気も同じです。私たちの「気」は、天地自然の「気」の一部であり、気はぐるぐると循環しています。これを「気が通《かよ》っている」と言います。

気が通っているのは、生命として本来の状態です。気は、生きる力であり、生命力そのものです。しかし、心の使い方、体の使い方を誤ると、気が出なくなります。

こうなると、天地自然の気と交流しなくなります。すると、私たち人間は、自然な状態でいられなくなってしまうのです。

気は常に出しつづけないと腐ってしまう

心身統一合氣道の創始者である藤平光一は、「気の性質」を説明するときに、「海の中の水を手で囲うようなもの」と表現しました。

イメージしてみてください。

あなたは海に入り、両手で水を囲います。

両手で囲っていますから、手の内側にある水は、「私の水」と言うことができます。しかし、本当は「海の水」です。海の水のごく一部を、自分の手で囲ったにすぎません。

あなたの「手の内側の水」と「手の外側の水」が自由に行き来できれば、手の中の水はいつも入れ替わっており、新鮮な状態を保てます。

しかし、その行き来が、なんらかの事情で滞ってしまったらどうなるでしょう？

手の内側の水は、だんだん淀《よど》んでいき、最後には腐ってしまいます。

気もこれと同じです。

私たちは、天地自然の気を、自分という存在で囲っています。そして、自分の内側にある気を、「私の気」と思い込んでいます。しかし、それは「天地自然の気」の一部でしかありません。ほんの一部を、自分という存在で囲ったにすぎないのです。

「私の気」と「天地自然の気」は、自由に行き来しているのが自然な状態です。このように自然な状態では、気は常に循環しているので、いつもフレッシュです。

これを「元気」と言います。

「天地自然の気」は無限なので、尽きることはありません。あなたが気を出せば、新しい気が注がれます。出せば出すほど、どんどん入ってきます。

しかし、なんらかの事情で、気を出さなかったり、気が通わなくなったりすると、気は滞ってしまいます。そして次第に淀み、腐っていきます。

これを「病気」と言います。心身の不調だけでなく、人間関係が悪化したり、運気が悪くなったりするのは、このように気が滞ったときなのです。

ちなみに、人間は、寿命を迎える頃になると、だんだんと気が出なくなります。そして、気が一切出なくなると、死を迎えます。

気が滞る一番の原因は「孤」になること

では、なぜ、気は滞ってしまうのでしょう？

その最大の原因は、「孤」になってしまうことです。

私たちは天地自然の一部であるのに、それを忘れ、「孤」になってしまいがちです。

これは、手で囲う海の水を、「自分の水」と思い込むようなものです。孤になると、自分本位で物事を考えたり、狭い範囲のことしか見えなくなったりしてしまうのです。


ここ一番という場面も、孤になりがちです。

大事な場面を前に、あなたはどんな思いを抱くでしょう？

「成功しなければ」「失敗したくない」「あいつには負けられない」……と、「私」への意識が、いつもより大きくなっています。

つまり、「孤」を強めてしまっているわけです。これが、気を滞らせてしまうのです。

そして、気が通わなくなると、本来は自由自在に働くはずの「心」が、動かなくなります。すると、周囲に心を配ることができなくなったり、他者の心がわからなくなったりします。

また、心が動かなくなると、適切な対応ができなくなるのでちょっとしたことでイライラしたり、些細《ささい》なミスで落ち込んだりします。つまり気が滞っているときには、心が弱りやすく、心へのダメージも大きくなってしまいます。

気の滞りを解消する

気が滞っているときに注意してほしいのは「心を無理に使おうとしない」ということです。気が滞っているときは、心を使えなくなっているからです。そのように心が使えない状態で、無理に心を使えば、気はますます滞ってしまいます。

たとえば、こんな経験はないでしょうか？　悪口を言われたときに、そのことが気になって、目の前のことに心が向かわなくなった。これは、悪口を言われたことで気が滞り、心が使えなくなった状態です。こんなときには「心を前向きに使おう」と思ってもできません。それどころか、無理に使おうとすれば、心はどんどん荒《すさ》んでいってしまいます。

「心がうまく使えていないな」と感じたときは、気の滞りがないかを、感じとってあげることが大切です。そんなときは、間違いなく気は滞っています。

では、気が滞ったときは、どうすればいいのでしょうか？

それには、滞った気を外に向けて発し、天地自然の気と交流させることです。

散歩をする、日光を浴びる、夜空を見上げる、温泉に浸《つ》かる、植物の世話をする、ペットと戯れるなど、ちょっとしたことでも気の滞りは解消します。

回復に努めるのもよいでしょう。休養する、よく眠る、滞りの原因をつくった場所から離れる、落ち着く場所に行くなど、気を癒すという視点も大事です。

また、友だちとおしゃべりする、カラオケで歌う、踊る、スポーツで汗を流す、お笑い番組を見て笑うなど、気を発散させるのもよいでしょう。

しかし、何をしても気の滞りが解消しないときもあります。そんなときの一番の方法が「気の呼吸法」なのです。

気の滞りは渋滞に似ている

「渋滞学」を提唱する東京大学先端科学技術研究センターの西成活裕教授は、世の中のありとあらゆる「滞り」に着目しています。そんな西成先生は、心身統一合氣道を熱心に稽古され、これまで何度も対談させていただきました。

渋滞と言うと、車の渋滞が思い浮かびますが、それだけではありません。人の流れにも渋滞があり、仕事だって渋滞します。「流れのあるところには滞りあり」なのです。西成先生のお話によれば、高速道路の自然渋滞は、1台の車のブレーキから始まるそうです。前の車との車間距離が充分でないと、前の車が減速することで後ろの車はブレーキを強く踏むことになり、それが後続の車に次々と伝わっていき、しまいには大渋滞になります。

渋滞を起こさないためには、車間距離を充分に保つことが大切なのですが、「少しでも早く目的地に着きたい」と車間距離をつめることで、渋滞を引き起こします。つまり「利己」の考えや行動から渋滞は発生するのですが、結果的にそれが損につながるのですから、何とも考えさせられるお話です。西成先生は、渋滞の研究を通して、「利他」の重要性を、数学的に証明したとも言えるわけです。

大きな滞りを防ぐためには、元となっている小さな滞りに着目する——。

じつは、「気」についても同じことが言えます。「小さな気の滞りが、大きな気の滞りにつながっていく」という性質があるからです。

そして、小さな気の滞りは、ちょっとしたことから始まります。

たとえば、朝、髪のセットがきまらなかった、些細なことで口ゲンカになった、横断歩道を渡ろうとしたらちょうど赤信号になったなど、取るに足らないような出来事です。

小さな仕事をやり残し、それがいつも頭の片隅にあって、ほかの仕事に集中できないというのもよくあることです。メールの返事がつい後回しになり、それが心に引っ掛かって、少しずついろんなことが面倒になり、やる気が出なくなる……などは、その例です。

人間は、小さなことに意外と固執してしまうものです。そして、その些細な滞りが次の滞りを生み、やがて大きな滞りを引き起こしてしまうのです。渋滞と同じで、大きな滞りになってしまうと、もう大変。解消するのに、相当の時間を要することになります。

気の呼吸法は、小さな気の滞りをリセットしてくれます。嫌なことがあったり、心に引っかかることが生じたりしたときに、ひと呼吸、息を吐くだけでも構いません。これだけでも小さな気の滞りを解消でき、大きな滞りを防ぐことになります。

王貞治さんが極度の不振を脱した秘密

王貞治さんをご存じですね。ホームランの世界記録を樹立した偉大な打者です。

王さんは、ホームラン記録が699本となったときに極度の不振に陥りました。

「日本人初の700号」。まじめな王さんは、国民の期待を一身に背負いました。大きなプレッシャーを抱え、「打ちたい。打たなければ」と自分を追い込んだのです。

その結果、王さんのバットからは3週間も快音が消えてしまいました。

私の父・藤平光一は、ちょうどその間、アメリカで指導をしていましたが、帰国後に王さんが不振だと聞き、ナイター中継をテレビで見ました。

そして、バッターボックスに立つ王さんを見て、こう言ったのです。

「これはまずい。気が出ていない。これでは打てるはずがない」

翌日、父は、王さんの自宅に電話を入れました。

「だいぶ苦労しているようだね」

「はい、自分では悪くないつもりなのですが、どうしても打てません」

「なぜ、あんなにバットを固く握りしめるのですか？」

「固く握っていますか？　自分では気がつきませんでした」

「以前、私が教えたように、臍下《せいか》の一点に心を静め、呼吸を静めて30分くらい座ってごらんなさい。そうすれば、気の滞りは解消します」

「はい」

「もうひとつ。『もう1本で700号だ』という考えも捨てなさい。あと1本で700本だと意識すれば、誰でも大きなプレッシャーがかかります。今日からは『あと101本で800本だ』と考えるようにしなさい」

「はい、わかりました」

このアドバイスが見事に効いたようです。王さんはその日の夜に700号を達成し、日本中の期待に応えたのです。

王貞治さんの一本足打法に隠された真実

王さんと言えば、独特の「一本足打法」を思い浮かべる人が多いでしょう。

じつは、王さんの一本足打法は、左足一本で立っているのに、盤石の姿勢そのものなのです。一本足で立つ王さんは、どの方向から押されてもびくともしません。

この盤石な姿勢があるからこそ、安定したスイングが可能になるのです。

王さんは、こんな話をしてくださったことがあります。

「プロのピッチャーは素人なら恐怖を感じるくらいのスピードボールを投げてきます。だからバッターも、力負けしないように振らなければと思い、つい力んでしまう。

でも、そうやって体に力が入ると、ちょっとタイミングを外されただけで、がたがたにフォームを崩される。ボールはものすごく速いし、変化球は大きく鋭く動くんです」

つまり、体に余分な力が入ると姿勢が崩れてしまう、ということを言っています。

そうならないよう、王さんは足先に気を通わせ、バットを持つ手からも余分な力みを抜き、スッと右足を上げる。そうして盤石な一本足の構えをつくっているのです。

そして、この盤石の姿勢を可能にするのが、気と心の使い方です。それについて、王さんはこんな話もしてくださいました。

「何かをやろうというときは、たいがいの人間は、頭で考えて行動してしまう。意識が上がっている状態です。こうなると、もう気は出ないし、心と体もうまく使えません。

このように『打とう』『打ちたい』と意識が上がっているうちは、いくら自分ではビュンと振ったつもりでも、全然振れていない。生きたスイングにならないんです」

つまり、気が出ていること、心が静まっていることの大切さを説いているのです。

自ら発する気が周囲と交流し、体の隅々にまで通う。そして、心が静まり、心身一如になった状態で、スッと右足を上げ、左足一本で立つ――。これが王さんの一本足打法です。王さん以外にも、これまで多くの人が一本足打法に取り組んできましたが、根本的な部分が王さんと違うことは、おわかりいただけたでしょう。

心と体が一体となって自在に使えるからこそ、まったく体勢が崩れない美しいフォーム、どんなボールにも対応できる鋭くて力強いスイングが可能になるわけです。

もちろん、この根底には「気」への深い理解があることは言うまでもありません。王さんは「気の呼吸法の応用」とも言える「息吹きの法」を今も実践されていますが、それについては、124ページで紹介します。

心身統一合氣道の「統一」や「合気道」の意味とは

ここで心身統一合氣道の名前の由来についてもお話ししておきましょう。

「心身統一」とは、「心と体の統一」と思われることが多いのですが、じつは違います。

心と体は本来ひとつのものですから、心身一如で使うべきであることはこれまで話してきた通りです。わざわざ「統一」と表現しているのは、心身一如のことではありません。では、何と何を統一しているのでしょうか？

正しくは「心と体」を「天地」と統一しているのです。心と体を天地と一体にする、という意味です。

では、心身統一合氣道の「合気道」とは何でしょう？

「天地の気に合するの道」。天地の気と、自分の気が通っているということなのです。人間は、天地自然の一部です。風や雨、草や木、動物や昆虫たちと同じです。

ですから本来、私たちは天地と一体であり、気が交流しているのが当たり前なのですが、人間はそれを忘れてしまいがちです。

大きな天地とともに生きているのに、自ら「孤」の存在となり、天地との気の交流を途絶えさせてしまうのです。

この「小さくなった自分」を、本来の大きな存在に戻してくれるのが、気の呼吸法です。呼吸は、単に空気（酸素）を体内に取り込むためのものではなく、天地自然の気と交流するためのものです。次章では、それを実践してもらうことにしましょう。

4章

ここ一番に強くなる気の呼吸法

——なぜアスリートや経営者はこれを実践するのか？

気の呼吸法とは、どんな呼吸か。
ここ一番でどんな力を発揮できるのか。
なぜ人生を切り拓けるのか。
そもそもなぜ気の呼吸法ができたのか。
壮大で身近な気を味方にする。

気の呼吸法を体験してみる

気の滞りを解消し、常に天地の気と交流するための最高の方法が「気の呼吸法」です。これは誰もができます。そして、どんな場面でも使えます。何より、その効果は絶大です。

天地自然と一体となることが、この呼吸法の目的ですが、この呼吸法をくり返すと、乱れていた呼吸が静まっていきます。そして同時に、心も静まっていきます。

じっさいにやってみることにしましょう。

道場でするときは正座をしておこないますが、みなさんは生活や環境に合わせて、椅子に座ったり、立ったり、横になったりしても構いません。

ただし、そのときの姿勢は重要です。1章の「気のテスト」で確認したような、安定した姿勢でおこなうことが大切です。ここでは、正座をしておこなうときの方法を説明します。

【気の呼吸法・姿勢】

①つま先立ちをして、バランスがとれたら静かにかかとを下ろして立ちます。

＊座る前に「全身リラックス運動」（87ページ参照）をしておくと、全身がほどけるのでおすすめです。

②「これから気の呼吸法をするのだ」などと気負う必要は、まったくありません。ふつうに座って、ふつうに呼吸をする感じでよいのです。

③次ページのイラストのように、正座の姿勢を確認してください。ひざ立ちをして、肩を2～3回上下させ、余分な力を抜きます（イラスト①②）。これにより肩の自然な位置がわかり、胸を張ったり巻き肩になったりしません。

また、頭が自然な位置にあると、ラクに左右を向くことができます。余分な力が入っていたり、肩が前に出たり、胸が反っていたりすると、首が回りづらくなります（イラスト③AB）。足先も、床に軽く触れるだけで姿勢を保てます。

足先にギュッと力を入れたり、足先に気が通っていないダラッとした状態（イラスト④AB）だと、姿勢は安定しにくくなります。

◆気の呼吸法　〈その1〉姿勢の確認

①

②

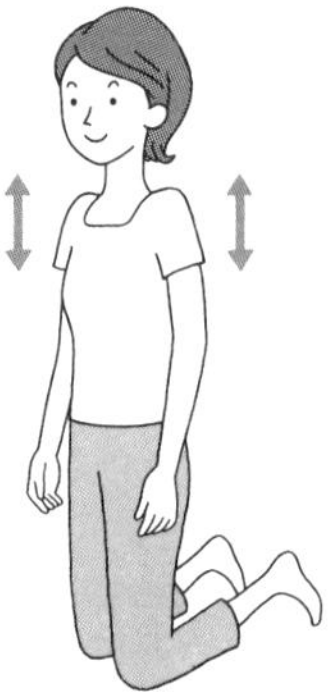

正座をする前に、ひざ立ちをして姿勢を確認する。肩を2～3回、上下させる

③A

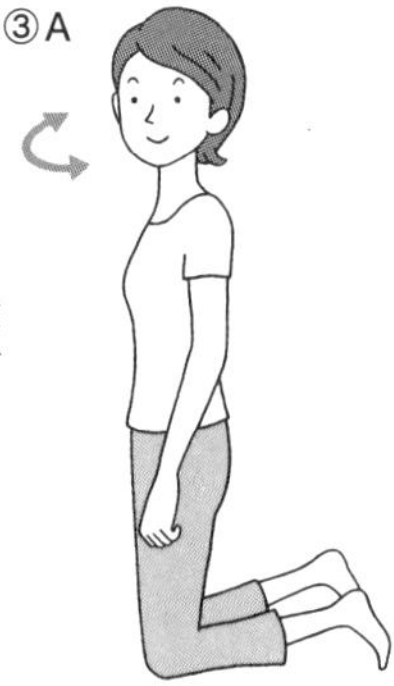

③B

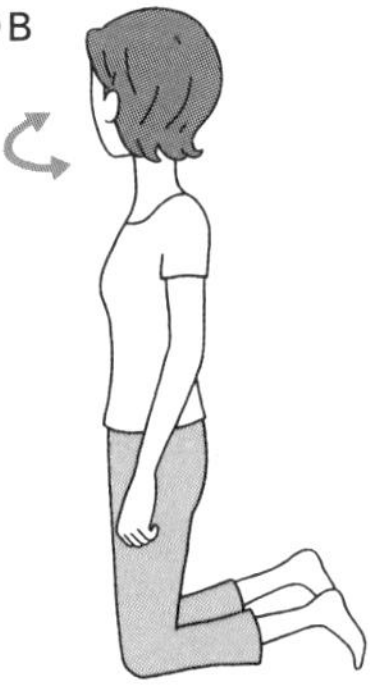

頭が自然な位置にあると、ラクに左右を向くことができる

④A

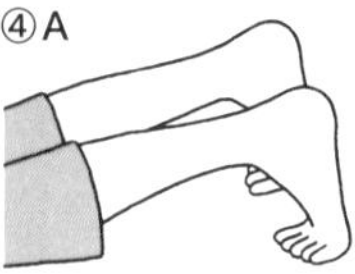

④B

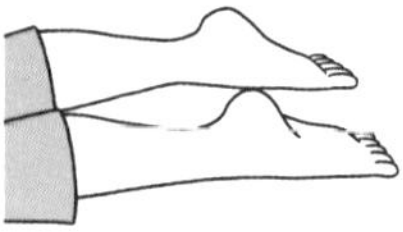

足先にギュッと力を入れたり、足先に気が通っていないダラッとした状態だと、姿勢は安定しにくい

⑤

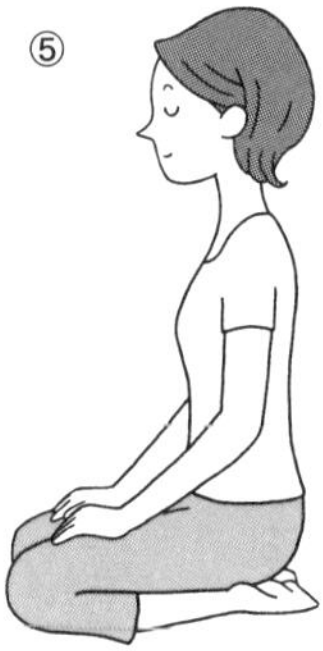

姿勢を確認したら、正座をする

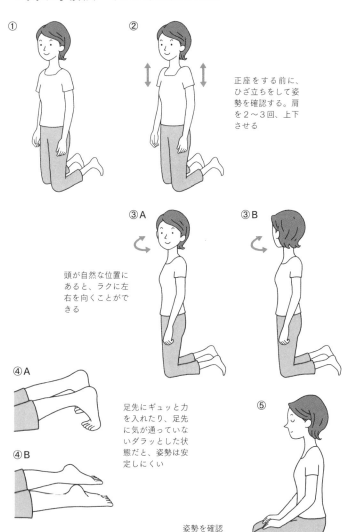

【気の呼吸法・息の吐き方と吸い方】

④口を開けて「はー」と息を吐きます。目の前に息を吐くのではなく、遠くまで息が届くようなイメージで真っすぐに吐くと、力みなく吐けます（次ページのイラスト⑥A）。

無理に長く吐こうとか、吐き切ろうなどとせず、体の中から自然に息が出ていくようにすればよいのです。言うなれば「吐くに任せる」という感じです。

「はー」と、少し音がするくらいに息が出ても構いません。自然に吐くと、しばらくして息は2分の1、その2分の1……と少しずつ小さく、静かになっていきます（イラスト⑥B）。

⑤吐く息が充分に静まったら、今度は吸います。口を閉じて、鼻から吸います。鼻先で花のにおいを嗅ぐようなイメージで、静かに、力まずに吸うとよいでしょう（イラスト⑦A）。

無理に長く吸おうとか、たくさん吸おうと考えると、胸のあたりに力が入るので、意識が上がってしまいます。今度は「吸うに任せる」という感じで自然に吸うのがポイントです。吸った息を胸（肺）に留《とど》めるのではなく、スーッと下腹に収まるようにイメージすると、深く静かに吸えます。

◆気の呼吸法　〈その2〉吐く・吸う

⑥A

⑥B

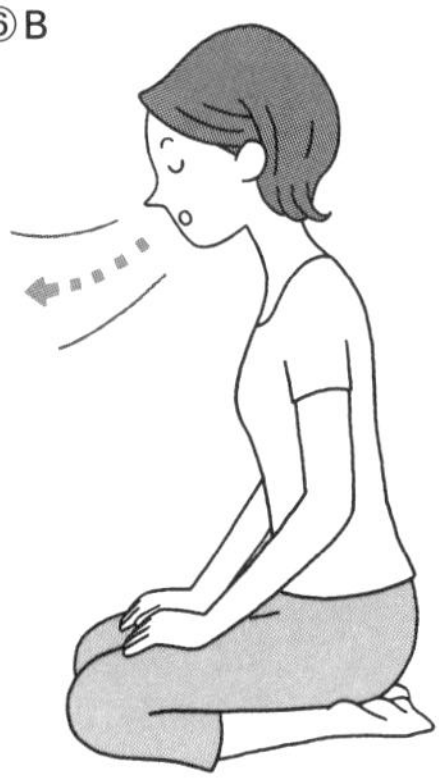

息を吐く。遠くまで息が届くようなイメージで真っすぐに吐くが、ムリに長く吐こうとか、強く吐こうなどとしなくてよい。体の中から自然に息が出ていくという感じで吐く。息を充分に吐いたら体を少し前傾させると吐きやすい

⑦A

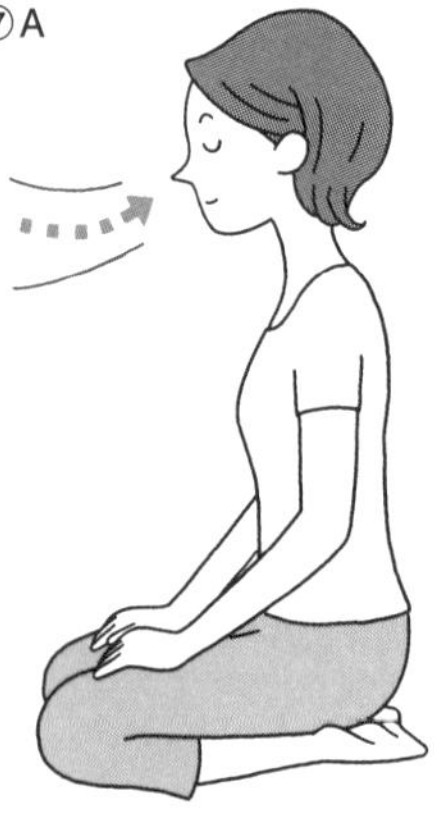

⑦B

息を吸う。鼻先で花のにおいを嗅ぐように、静かに吸う。ムリに長く吸おうとか、たくさん吸おうとしなくてよい。吸った息が下腹に収まるようにイメージするとよい。吸い終わりに上体は元に戻る

吸う息もしばらくして2分の1、その2分の1……と小さく、静かになっていきます（イラスト⑦B）。

⑥吸う息が充分に静まったら、また吐きます。そして、吐く息が充分に小さくなったら、また吸います。

このように「吐いて、吸う」をくり返します。一切の力みなくおこなうのが気の呼吸法です。

吐くときも吸うときも、息は少しずつ小さくなり、やがて微細になり、最後は無限小に静まります。充分に静まってから、次の「吐く」「吸う」を始めます。

【気の呼吸法・コツ】

・呼吸するときは、軽く目を閉じても構いません。ただし、ギュッと目をつむったり、眉間にシワを寄せたりしないように、そっと閉じるとよいでしょう。

・無理をして長くしたり、深くしたりするなど、呼吸をコントロールするのはやめましょう。

・慣れないうちは、途中で苦しくなったり、一気に吸い込んでしまったりするかもしれません。それは、不自然な力みがあるせいです。

・吐くに任せ、吸うに任せればよいのです。そもそも、呼吸は生まれてからずっとやってきたことで、特別なことではありません。そう考えて、気楽にやりましょう。

・吐き終わりに「吐き切ろう」と思ったり、吸い終わりに「もっと吸おう」と思ったりしがちですが、その必要はありません。「吐くに任せる」「吸うに任せる」です。

・体から余分な力を抜き、心も静まった状態で吐いていると、吐くにしたがって、自然に上体が前に傾いていきますが、それで構いません（114ページのイラスト⑥B）。「姿勢を維持しなければ」などと考える必要はまったくありません。

・窓を開けて、新鮮な空気を部屋に入れると呼吸がしやすくなります。もちろん、屋外に出てやっても構いません。

・呼吸をしているときは、頭にさまざまなことが浮かんでくると思います。それでいいのです。おすすめは「考える」のではなく「感じる」ようにすることです。「ああ、風が気持ちいいな」とか「外で音がするな」などと、外界とのつながりを感じとれるとよいでしょう。

・そのまま眠ってしまうこともありますが、それでも構いません。

・基本的にマスク着用時の気の呼吸法は推奨していません。高機能マスクの場合は、吐いた息をそのまま吸い込んでしまう可能性が高く、また、息苦しさから口呼吸になりやすいためです。もちろん、感染症予防にマスクは必要ですので、気の呼吸法をおこなう際は、充分に換気された場所やソーシャルディスタンスを考慮する必要があります。

【気の呼吸法・上達】

・上手になってくると、自然に、深く、静かで、長い呼吸ができるようになります。自分が吐いているのか吸っているのか忘れるくらい、静かな呼吸になります。
・心が静まると、視野が広くなるのがわかるはずです。
・「孤」の意識が薄らいでいくのを感じます。自分を囲っている境界線がなくなり天地と一体となる感覚です。感覚は人それぞれですが、とても心地よく、体が軽くなる感覚は共通しています。
・気の呼吸法で呼吸が静まる感覚を会得すると、たとえば、大事な場面でも、数回呼吸をするだけで、心が静まるようになります。
・さらに上達すると、ひと息吐くだけで、心が落ち着きます。

静かな呼吸は心の静まりとともにある

心身が健やかで、心が落ち着いているとき、人間の呼吸は静まっています。

反対に、緊張しているとき、怒っているとき、イライラしているとき、焦っているとき、悩みがあるとき、体調が悪いときなどには、浅くて荒い呼吸になっています。

呼吸は、無意識におこなわれているものですが、深くて静かな呼吸をすることで、心を静めることができます。

ここ一番の大事な場面で力を発揮するには、心が静まっていることが重要です。そのためには、日ごろから、無意識におこなっている呼吸に目を向け、いつでも、深くて静かな呼吸ができるようにしておくことです。

一般的に、呼吸法はむずかしいものとされています。「日常的にできない」、あるいは「効果が現れない」などの理由で、これまでにも挑戦したけれどやめてしまった、身につかなかった、という人は多いのではないでしょうか。

これは、呼吸法を実践する人の多くが、体のことだけに着目して、最も大事な「心とのつながり」を忘れていたからかもしれません。

静かな呼吸は、心の静まりとともにある——。この視点をぜひ、大事にしていただければと思います。

人間は、とかく小さいことにくよくよし、些細《ささい》なことにとらわれがちですが、気の呼吸法を実践しているうちに、さまざまな心の変化に気づくと思います。

・心を伸び伸びと使えるようになった
・視野が狭くなっていることに気づいた
・小さなことにくよくよしなくなった
・心のとらわれから解放された
・自分が本当にすべきことに気づいた

など、広く大きな視点から物事を考えられるようになります。

これは、天地自然の気と一体になるからです。

ここでもう一度、気の呼吸法がなぜここ一番で力を発揮できるのか、その仕組みをおさらいしておきたいと思います。

「気の呼吸法」がここ一番で力を発揮する秘密

気の呼吸法は、臍下《せいか》の一点に心を静め、全身から余分な力を抜いておこなう呼吸です（臍下の一点は、次章でくわしく話します）。

この呼吸によって何が変わるのか、順を追って書いてみます。

・臍下の一点に心が静まっているとき、四方八方に気が出て、周囲と気が交流する

（気の変化）

↓

・気が交流しているとき、心は何事にもとらわれず、自在に使うことができる

（心の変化）

・心を自在に使えるとき、周囲を鋭敏に認識して、正しく理解できるようになる

（心の変化）

・周囲を正しく理解しているとき、何をすべきかわかるので、物事に動じなくなる

（心の変化）

↓

・物事に動じないとき、心に力みが生じることはなく、体にも不要な力みが生じない

（体の変化）

・体に力みがないとき、体を自在に動かすことができるようになる

（体の変化）

↓

・心と体が一体の状態で、必要なことに集中することができる

（全体の変化）

・ここ一番で自分が持つ力を最大限に発揮できる

（全体の変化）

つまり、天地も味方につけ、大きな視野を得られ、心と体から不要な力は抜いているが

必要な力はしっかり使えていて、完全に落ち着いた状態で物事に対処できる――。

これが気の呼吸法なのです。

経営者やアスリートが「気の呼吸法」をする理由

心身統一合氣道を学ぶ人には、経営者やアスリートなども多くいます。

まさに「毎日がここ一番」という人々が、気の呼吸法を実践されているわけですが、その大きな理由のひとつに、「正しい判断ができる」ということが挙げられます。

たとえば、経営という仕事は判断の連続であり、社長の判断が会社の命運を左右します。「ここで押すか引くか」「行くか留まるか」……。目に見えない流れや勢いを見て「今だ！」ととらえる感性がなければなりませんし、瞬時に動く行動力や、社員の心を一瞬にして奮い立たすことができる気力も必要でしょう。

つまり、正しい判断は、タイミングを的確につかまえられないとできないわけです。

ここ一番で強くなるには、「今、この瞬間こそが、ここ一番なのだ！」と、わかっていなければなりません。当たり前のように思えますが、意外と、これを認識できていない人が多いのです。ここ一番のタイミングを的確につかむためには、周囲を鋭敏に認識できることが必要で、それには心が静まっていなければなりません。

そのためにも、気の呼吸法をすることで気を発し、天地自然と一体となっていることが大切なのです。また人間は、気が周囲と交流することで、大きな視野を得ることができます。すると、ここ一番のプレッシャーのかかる場面でも、「なんとかなるさ」という大きな心で構えることができるようになるのです。

こうしたさまざまなことが気の呼吸法によって得られるのです。

経営者を例に出しましたが、これは多くの人が求めているものでしょう。気が滞っていては、それはできません。天地自然と一体となり、周囲の気と交流するからこそ、大きな視点を得られ、泰然としていられるのです。

さらに、天地自然を味方にしているという、とてつもなく大きな安心感も得られます。気の呼吸法は、ここ一番のときだけでなく、私たちを幸せに導いてくれる呼吸法とも言えるのです。

小さな気の滞りを解消する「息吹きの法」

気の呼吸法を実践し、体がそれを覚えると、「はー」とひと息吐くだけで、すぐに心が静まるようになります。先代の藤平光一は、その応用とも言える「息吹きの法」を教えていました。

それは、「フッと力強く息を吐く」という方法です。

小さな気の滞りを感じたときには、この「フッ」でリセットできるのです。

「え、本当にそれでリセットできるの?」と思われるかもしれませんが、本当にリセットできてしまうから不思議です。

心に引っ掛かることや、不安が浮かんだときには、それを吹き飛ばすように「フッ」と短く鋭く息を吐く。

王貞治さんは、現役時代、この「フッ」を実践し、効果を実感されたひとりです。

現役時代の後半になると、さすがの王さんも、体力やフィジカルの低下を感じ始めたようです。大事な場面で三振をしてしまったときなどには、「自分の選手生命もここまでか」と、つい弱気になることもあったそうです。

そんな王さんに、先代の藤平光一は、こんなアドバイスをしました。

「王さん、そんなときには吹くといいんだよ。ひと息『フッ』とね」

マイナスの観念が出てきたときには、吹き飛ばしてしまえ。そして、吹き飛ばした後に、「これで大丈夫」と言いなさいと。

「こんなことで、なくなるんですか？」

王さんが聞くと、光一はにこやかに答えました。

「こんなことでなくなるんだよ。やってごらん」

王さんは、それを実直に実践され、「ホントに消える」と感動したそうです。

「心にマイナスの思いが浮かんだ瞬間に、フッと、全部吹き飛ばしちゃう」

王さんは、こうして自らの弱気をひと息で吹き飛ばし、選手時代の終盤にも、かなりのホームランを打ちました。そして、今でも福岡ソフトバンクホークスの選手たちには、この「フッ」をアドバイスされていると言います。

ネガティブな思いが浮かんだら「フッ！」。ロウソクの火をひと息で吹き消す感じでやるのがコツです。「フッ」と音に出すと、吹き消すイメージがより具体的になります。

不安がよぎった、嫌なことがあった、気持ちの切り替えをしたい。こんなときには「息吹きの法」を試してみるとよいと思います。気の滞りは、小さいうちに吹き飛ばしてしまうのが一番です。

息を吐くことと、全身の力を抜くことの威力

先代・藤平光一の話①

太平洋戦争中の話ですが、先代の藤平光一は、戦地で何度も、気の呼吸法によって命を救われたと言います。

ここで、気の呼吸法がどのような経緯で誕生したのかを、藤平光一の体験を追いながら話しておくことにしましょう。

藤平光一は、慶應義塾大学に飛び級で入るほどの秀才でした。入学後は、心と体を鍛えるために柔道部に入りますが、練習中に胸を強く打ち、肋膜炎《ろくまくえん》になってしまいます。当時、肋膜炎は不治の病とされており、運動を禁じられる体になりました。

命に関わるため、歩くことすら恐れて床に臥《ふ》せ、大きな音にさえ怯《おび》えるような毎日だったそうです。しかし血気盛んな若者です。そんな生活に次第に嫌気がさし、「もう壊れてしまうなら、壊れてしまえ」と、家を飛び出しました。

光一が向かったのは、一九会《いちくかい》という「呼吸の荒行」をおこなう道場です。とはいえ、肋膜炎の今にも死にそうな学生など、受け入れてくれるはずがありません。それでも光一は、「これからの人生を怯えて生きるより、やれるだけのことをやりたい。たとえそれで死んだとしても、そこまでの命」と訴え、修行を許されます。ところが、呼吸の修行に没頭するうちに、医師が「治らない」と言った肋膜炎は跡形もなく消えてしまいました。光一はこの修行で、「息を吐くこと」の威力を学んだのです。

すっかり元気になった光一は、合気道に出会います。知人のすすめで道場を訪ねると、白いひげを生やした小柄な男性が大きな弟子たちを軽々と投げている。「これは怪しい」と疑っていると、その小柄な人が「私を投げてみなさい」と言います。「それならば」と、相手の稽古着をつかんだとたん、光一は畳の上に転がされていました。あまりの早技に、何が起きたかもわからぬほどでした。この方が植芝盛平先生でした。

合気道にすっかり心酔した光一は稽古に没頭しました。そして半年後には、道場で随一の実力者となっていたのです。

光一が急激に強くなったのには秘密がありました。「全身の余分な力を完全に抜くと強くなる」という真実を発見したからです。一九会での呼吸の修行によって、光一はリラックスした盤石な姿勢を体得していました。それを合気道に応用したのです。

道場の門下生の多くは、体に力を入れて稽古していましたが、光一は余分な力を抜くことを心がけました。じつは植芝先生も力を抜いて技をしていることを、光一は密《ひそ》かに見抜いていたのです。

気の呼吸法によって命を救われた

先代・藤平光一の話②

その頃、日本は太平洋戦争へと突入し、光一は軍隊に入ります。持ち前の頭脳と勤勉さで見習士官に抜擢《ばってき》された光一は、中国戦線へと送られます。

「呼吸の修行をつづける」と決めて戦地に向かったものの、弾丸が飛び交う壮絶な戦場では、ゆっくりと座って呼吸などできません。

そこで行軍中に呼吸の訓練をすることにしました。そして、それまでの激しい呼吸法とは違う新たな呼吸法を、試行錯誤するうちに生み出したのです。

「下腹に心を静め、上体を楽にし、口から静かに吐けるだけを吐き、また静かに鼻から吸えるだけを吸う。吸い込んだあと下腹に心を静めたまま六歩ぐらい歩いてから静かに吐き出す」という呼吸です。これが「気の呼吸法」の下地となりました。

光一は、気の呼吸法によって、大きな気づきを得ます。

それは、**天地に身を任せること**です。

戦地に赴く前に、日本で座禅に没頭し、「いつ死んでも構わない」と死を覚悟したそうです。しかし、それは「畳の上の水練」のようなもので、いざ戦地で銃撃にあった瞬間に、その覚悟は吹き飛んでしまいました。「どうしたら心が決まるか」を命がけで試行錯誤するうちに、「孤」ではなく「天地自然」という最も大きな存在を相手にするときに心が落ち着くことを会得しました。呼吸が静まることによって、天地と一体となり、気が出ることを体得したのでした。

戦地の弾丸が飛び交う中で恐怖がなくなることはありませんが、天地に身を任せることで全身の余分な力を抜くことができ、恐怖に打ち克《か》つ気力を得ました。「弾丸に当たらないように」と気を引くと当たり、天地に身を任せて気を出していると弾丸のほうが避けて通るような不思議な感覚を得たそうです。そして、運にも恵まれて、無事に復員を果たします。

終戦後、藤平光一は、戦地での体験から、誰もが簡単にできるように「気の呼吸法」としてまとめたのです。

臍下の一点を見つけた

先代・藤平光一の話③

光一は戦地でもうひとつの気づきを得ました。

「呼吸法をするときは、心をただ静めるのではなく、一点に静めてこそ意味がある。臍下の一点に心を静めることで本当の力を発揮できる」と。

夜間の行軍中、最初の頃は、下腹に力を入れて歩いていましたが、不安は静まらないし疲労も激しい。そこで下腹の力を抜いてみたが、今度は怖くて足がすくんでしまう。

そうやって試行錯誤をするうちに、光一は気づくのです。

「私は『臍下丹田』という下腹に力を入れて呼吸をしてきたが、それは逆効果だった。下腹は力を入れる場所ではなく心を静める場所だったのだ。しかも『丹田』という面積ではなく、一点に集約してこそ心は静まる」と。

そして苦心の末に「臍下の一点」という無限小の点を突き止めたのです。

弾丸が気にならなくなったのは「臍下の一点」に心を静めるようになってからの話です。ところが、そんな心境になってもなお、どうにも心がざわつくときがある。そこで、「これは変だ。何かあるに違いない」と偵察を出すと、敵の部隊が待ち伏せしていた。こんなことが何度もあったと言います。気を通じて、異変を察知できたわけです。

心が静まらなかったのは危険を知らせるサインでした。光一は気の呼吸法によって、天地を味方につけたのです。

気の呼吸法は毎日おこなうことで体に入る

本来、人間は天地自然の一部であり、天地と一体の存在です。

ところが、人間は自意識が過剰で、自分のことばかりに目が向いてしまいます。その結果、「孤」になり、気が滞ってしまうのです。

こうならぬよう、天地自然と一体の状態に戻すのが、気の呼吸法です。滞っている気を発して、周囲と気を交流させ、天地自然と一体となる。これが気の呼吸法というネーミングの由来です。

気の呼吸法は、いつおこなっても構いません。しかし「滞りを解消する」という点から言えば、毎日実践するのが望ましいでしょう。

また毎日おこなえば、体にも呼吸法が浸《し》み込んでいきます。すると「いざ！」という場面でも、それを再現できるようになるのです。

理想を言えば、夜と朝の1日2回。どちらか1回というなら、夜がおすすめです。

お風呂に入るのと同じ感覚です。お風呂に入れば、1日の汚れが落ちてスッキリするし、お湯に浸《つ》かることで血行がよくなり、体も温まります。

これは心にも言えることです。1日活動すれば、心にも汚れがつき、垢《あか》のようなものも出ます。これを流し、スッキリした心で睡眠に入るのがベストです。気の呼吸法は、心の入浴のようなものと考えてもよいでしょう。

時間は何分でも構いませんが、実践したぶんだけ上達します。10分おこなえば10分ぶん、1時間おこなえば1時間ぶん上達し、体にも入っていきます。

個人差はありますが、気の呼吸法を15分ほどおこなっていると、自然に心が澄んでくるのを感じるはずです。

そして、さらに心が澄んでくると、呼吸そのものだけの世界になり、自分を囲う境界線がなくなっていきます。先代はこの感覚を「我が天地か天地が我か、即《すなわ》ち、天地と一体となる妙境に至る」と表現しましたが、これは本当に心地よい感覚です。

気の呼吸法は、本来は誰でも簡単にできるものですが、多くの人はどうしても「長く吐こう」「何秒吐こう」「上手に吐こう」などと自分に命令をしたくなるようです。

本書では、心地よく息を吐くことに重点をおいています。私たちは誰でも、心地よく息を吐いている瞬間があります。日常の呼吸を観察し、その心地よい呼吸を体に覚えさせて、再現するのが最も近道です。

私自身は、子どもの頃から気の呼吸法を実践しています。そして、呼吸が静まることで周囲からの刺激に過剰に反応しなくなったことは、先述の通りです。

世界中で指導をするようになってからは、失敗が許されず、最高の力で臨まなければならぬ「ここ一番」が何度もあり、その都度、気の呼吸法に助けられました。

ですから、私にとって気の呼吸法は、確実に効果のある「お守り」のような存在です。

もちろん、誰もがその効果を得られます。持っている力を最大限に発揮するという目的において、気の呼吸法は、必ずやあなたを手助けしてくれることでしょう。

5章

臍下の一点に心を静める

——「Set One Point」のススメ

これまで度々出てきた臍下《せいか》の一点とは、
どこに存在し、どんなものなのか？
立つ、座る、寝る、歩く……動きの中で、
臍下の一点を確認するポイントとは？
これがわかると、確実に力を発揮できる！

意識が定まる場所を知らないと、心は静まらない

これまで度々、「臍下の一点」という言葉を使いましたが、私はあえて、それについて深い説明をしませんでした。

なぜなら、それこそ、あなたの心が「一点」にとらわれてしまい、本書で伝えたいことの全体像が見えなくなってしまう、と考えたからです。

しかし、ここまで読んでこられたあなたなら、もう大丈夫です。「臍下の一点」を知ることで、これまでの話が、さらに深く理解できることでしょう。

改めて、臍下の一点のお話をします。

心が静まるには、意識が定まる場所が必要です。何事もそうですが、定位置があることで安心できます。

あなたもそうではないですか？　外出先では、どこかソワソワして、肩に力も入るけれ

ど、家に帰ってくるとホッとする。自分の家、自分の座る場所、自分の椅子……。決まった場所にいるときは、心身ともにリラックスできる。

意識もこれと同じで、ホームポジションにいるときは安心できます。ふわふわと上がっていた意識が「落ち」、決まった場所に「着く」。これが「落ち着く」ということです。


では、意識はどこに下がり、どこに定まればいいのでしょう？

答えは、下腹です。意識を、下腹に下げればいいのです。

日本語では、怒ることを「頭にくる」と言いますね。緊張することを「上がる」と言います。まさに、意識が頭のほうに上がったわけです。

これを下げてあげればよいのです。しかし、漠然と下げただけでは落ち着きません。もっと明確に、ピンポイントの位置に定めないと、心は静まりません。

そのピンポイントの場所こそが、「臍下の一点」です。

「臍《へそ》の下の一点」と書くくらいですから、それは臍の下のほうにあります。しかも、かなり下のほうにある一点です。

じつは、お腹《なか》に力を入れたときに、ほとんど力が入らない部分があります。この場所こそが臍下の一点です。

別の言い方をすると、臍下の一点は、力を入れようにも力が入らない場所、つまり、力みの及ばない場所です。だからこそ、意識は、その場所で安定し、落ち着くことができるわけです。力みの及ばない、安定した場所に収まることで、心は静まっていくのです。

あなたの臍下の一点を確認する

じっさいに、臍下の一点を確認してみましょう。

①まずは、1章の「気のテスト」でやったように、力みのない姿勢で立ちます。このとき、誰かに胸の上あたりを押してもらい、姿勢が安定しているかをチェックすると、さらによいでしょう。

②次に、臍のすぐ下を指先（中指の先端）で触れます（140ページのイラスト①A）。このとき、指先はセンサーの役割を果たします。お腹をギュッと押したりせず、軽く触れてい

るだけにしましょう。

③そして、触れた指先を押し返すように、下腹に力を入れてみます（イラスト①B）。

するど、下腹に力が入り、指先が押し返されるのがわかりますね。

④先ほどよりも、少し下の位置を指先で触れます（イラスト②）。③と同じように、下腹に力を入れてみましょう。すると、この位置でも、下腹に力が入ることがわかりますね。

臍下の一点は、もう少し低い位置です。

⑤先ほどよりも、さらに下の位置を指先で触れてみましょう。そして、③④と同じように下腹に力を入れます。まだ力が入りますね。

そうやって、少しずつ触れる位置を下げ、力が入るかどうかを確認します。

すると、かなり下のほう、恥骨に近い部分に、力が入らない場所があります。力を入れても指先を押し返せません。この位置が「臍下の一点」の目安です（イラスト③AB）。

なお、「どこを触っても、力が入る」とか「力の入らない場所がわからない」という人は、基本の姿勢ができていないのかもしれません。もう一度①に戻り、姿勢を確認してからおこなってみましょう。

それでも「力が入る」という人も心配する必要はありません。そもそも臍下の一点は生

◆あなたの臍下の一点を確認する

①A

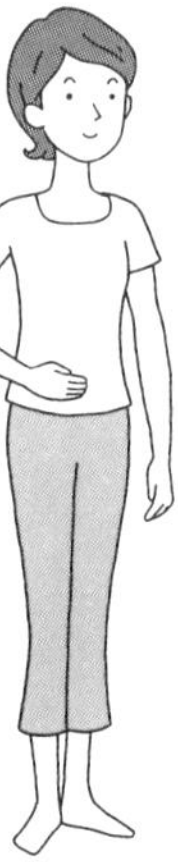

①B

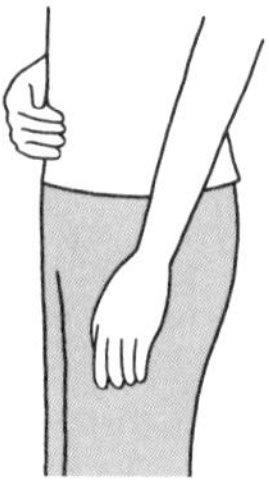

臍のすぐ下を指先（中指の先端）で、軽く触れる。お腹に力を入れてみて、指先が押し返されるのがわかるなら、ここは「力が入る場所」であり、臍下の一点ではない

②

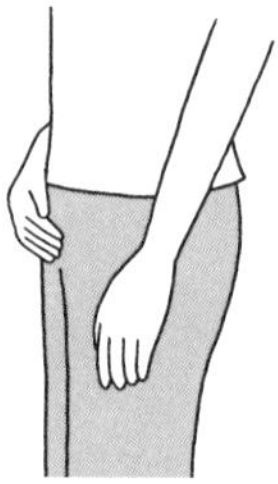

もう少し下を触れる。しかし、ここにも力が入る。ここも臍下の一点ではない

③A

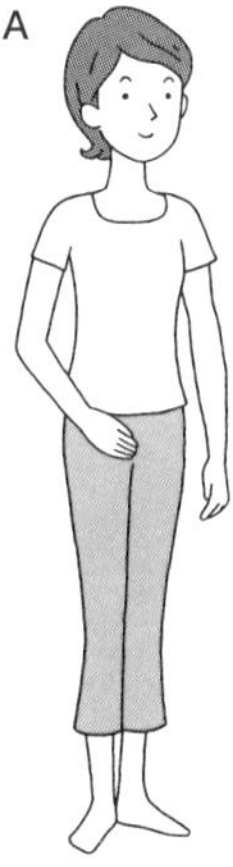

③B

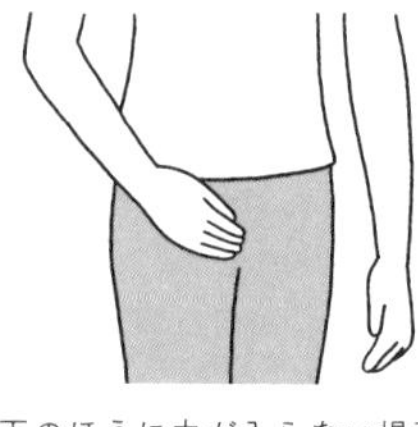

だいぶ下のほうに力が入らない場所がある。この位置が臍下の一点

理学的な器官ではありませんし、恥骨結合から何ミリどちらに寄ったところ、というような物理的に決まった点ではないのです。

臍下の一点を自分の中心に据えると、人間が変わり人生が変わる

臍下の一点は心が静まる場所ですが、もうひとつ大事な役割があります。

それは、自分の中に「中心」を持つということです。こう書くと、当たり前のように思えるかもしれませんが、自分の中に中心を持てず、誰かを中心に生きている人が多く見られます。しかし、誰かを中心に生きると、自分は中心から外れた存在となってしまい、なんとも情けない気持ちになるものです。そうではなく、私たち一人一人が、広大な天地の中心を下腹に包蔵している、という心持ちになることです。すると、自らの存在が大きく感じられるようになるのです。

私たちは通常、相対的に心身のバランスをとっています。たとえば「気のテスト」で前

から押されると、押されないように前に対して身構える。横から押されると、横に対して身構える。これはある意味、本能的なものです。しかし、この反応に支配されると、次々とくる異なる方向からの刺激に対して前後左右に揺さぶられ、まったく対応できなくなります。

日常でもこうしたことは頻繁に起こります。トラブルが起きて、その解決に躍起になっているときに別のトラブルが重なり、パニック状態になる、といった場合です。

こうならないためには、別のやり方があります。それは自分の中にある「中心」でバランスをとることです。先ほどの「気のテスト」であれば、前から押されても、横から押されても、身構えることなく、すべて臍下の一点に収めるのです。「中心で支える」と言ったほうがわかりやすいかもしれませんね。すると、次々と異なる方向から押されても、常にひとつの中心で対応しているので動じなくなり、落ち着いて対応することができます。

自分の中に中心を持つと、動作も変わってきます。動くときは、その中心から移動すればよいのです。これは、あらゆる運動の基本であり、「臍下の一点から動く」と表現します。

上体から動いているときは、その時点で意識は上がっており、姿勢は乱れています。ランニングでもウォーキングでも、「臍下の一点から動く」ということを意識するだけで、余分な力が入らず、体が軽やかに感じるはずです。

また、自分の中に中心を持つと、物事に動じなくなります。たとえば、アスリートや経営者の中には、「不動心」になりたいと思う人が多数いますが、それは無神経、無感覚になることではありません。物事に動じなくなるためには、自分の中に「中心」を持つことが不可欠です。常に中心を保って対応するからこそ、物事に動じなくなるのです。

ただし、そのときに重要なのは「何を中心にするか」です。「自分」ではなく、「天地の中心」を自分の中に据える。すると、天地と一体になり、天地の中心を自分の下腹に包蔵することができるのです。

また、天地の中心は、自分だけが持っているのではなく、一人一人が持っています。このため、相手が持っている中心も尊重するのは当然のことです。

意識が上がった状態を知る

臍下の一点を理解するには、対照的な「意識が上がった状態」を知るのがよいかもしれません。これなら、体ですぐに感じとれます。

じっさいに、やってみましょう。

①胸を張って立ってみてください。しっかり胸を張るとわかりやすいです。

意識はどこにきていますか？

「よくわからない」という人も、胸に力みがあることは感じますね。

つまり、力んでいる場所に意識がいきます。この場合は、胸に力みがあるので、意識は胸に「上がっている」ということが実感できたと思います。

②次に、眉間にシワを寄せて、にらんでみてください。

意識はどこにきていますか？

眉間にきていることが実感できるでしょう。つまり、意識が上がってしまっています。

①②の状態は、「胸を張ろう」とか「にらもう」などとすると、その部位に力が入り、意識もそこに上がってきました。そのため、臍下の一点は「お留守」になっており、心もふわふわとさまよっています。

あなたの日常でも、これとまったく同じことが起きています。

たとえば、スポーツのここ一番では、「相手に負けたくない」と考えます。このとき、意識は上がり、上体に力が入ります。

楽器の演奏会の「ここ一番」ではどうでしょう？「うまく弾かなくちゃ」と、意識が上がりますね。すると、指に力が入って、音が硬くなる、タイミングがずれるなどのミスを引き起こしてしまうのです。

臍下の一点と臍下丹田は、まったくの別物です

臍下の一点に似た言葉に、「臍下丹田」があります。武道や呼吸法を学んだ人は、聞いたことがあるのではないでしょうか。

この2つは、「臍の下にある」ということでは共通していますが、まったくの別物です。丹田の「田」は、面積を意味することもあり、臍の下の広い部分、下腹全体を指すことが多い言葉です。

そして、下腹全体に力を入れることだと勘違いされる方がいますが、下腹に力を入れた状態で気のテストをしてみると、軽く押されただけで、姿勢は簡単に崩れてしまいます。

姿勢が不安定だと、力を発揮できないことは、これまでくり返し話してきた通りです。土台がグラグラしていたら、最高のパフォーマンスなど発揮できるはずがありません。この目的においては正しくないということです。

心身統一合氣道でも、常に下腹に力を入れた状態で構えていては、相手の動きに対応で

きません。ましてや、常に力を入れた状態では、心は静まりません。

これは、ほかのスポーツや、日常生活でも同じです。下腹に、一瞬、力を入れることはできますが、常に下腹に力を入れておくことはできません。

下腹は、肉体的に力を入れる場所ではなく、心が静まる場所なのです。

しかも、広い面積ではなく、「一点」だから静まるのです。

臍下の一点にとらわれてはいけない

臍下の一点に関しては、多くの人が勘違いしてしまうことがあります。

それは、臍下の一点にとらわれること。

心は、臍下の一点に静まっているのが、自然な状態です。しかし、頭で命令しているわけではありません。たとえば、心穏やかにしているとき、意識はすでに臍下の一点に定まっています。

しかし、日常生活で、常に「臍下の一点、臍下の一点……」と頭で考えていたら、反対に意識は常に上がった状態になってしまいます。何より、わずらわしくて仕方ありません。目の前のことに集中したくても、集中できなくなってしまいます。

熱心な読者ほど、「臍下の一点が気になって仕方がない」となるかもしれません。

しかし、もしあなたが、本番で存分に力を発揮したいと望むなら、「臍下の一点」を確認したらあとは忘れてしまうことです。

「気の呼吸法」や「気のテスト」「全身リラックス運動」をすることで、自然に、意識は臍下の一点に定まってきます。そして、心も静かになります。

これでいいのです。この状態になったら、あとは目の前のひとつひとつに心を向ければ、自然と落ち着いて対処できます。


人間は、何かに執着していると、心が停止状態になってしまいます。「(心が)とらわれる」という言葉がありますが、まさにそれは心の停止状態を表しています。

日常生活でも、たとえば前髪が気になって、常に触っている人を見かけます。こういう人は、常に意識が頭に上がり、心は停止していると言えます。

臍下の一点も同じです。ここに常に気をとられると、心を使うべきことに使えません。臍下の一点は、一度確認したら放っておく。「なんかおかしいな」と思ったらふたたび確認する。それで充分です。

「Keep One Point」よりも「Set One Point」

心身統一合氣道は、世界24カ国に約3万人の会員がいます。

外国の方に、「臍下の一点」を説明するときは、英語で「One Point」と言います。

そして、「意識が上がる」は「Lose One Point」と言います。Loseは失うという意味ですから、「臍下の一点が失われた」という意味です。

「臍下の一点」というと、なんだかむずかしく感じますが、横文字に慣れた現代人なら「One Point」のほうが、親近感が湧くかもしれません。

ちなみに、ドジャースで指導をしていたときに、コーチや監督たちは、「One Point」

（臍下の一点）のことを体験的に深く理解するようになりました。

すると、選手たちに向かって、しきりに、「Keep One Point」とアドバイスするようになったのです。「臍下の一点をキープしろ、維持しろ」と。

ところが、一部の選手はこのアドバイスでは良くなりません。前項でも話したように、「キープしよう」と頭で命令し始めるからです。

「Keep One Point」（＝意識を臍下の一点に留《とど》めよう）とアドバイスすることで、選手はOne Pointにとらわれてしまい、体の動きがぎこちなくなってしまいます。

このことをコーチたちに話すと、「たしかにそうだ。では、こんな言い方はどうか？」と、新たな表現が生まれることになりました。


「Set One Point」（＝臍下の一点をセットしよう）

選手たちは、練習の前に、気の呼吸法をしたり、気のテストで正しい姿勢を確認したりして、「Set One Point」をします。そうやって臍下の一点がセットされたことを確認したら、その後は「One Point」のことは、きれいに忘れてしまう。

そして練習や試合中に、「何かおかしい」「意識が上がってきた」「心が乱れた」などと思ったら、その時点でふたたび、「Set One Point」をする。

こうして、練習の中で「Set One Point」をくり返しおこない、One Point（臍下の一点）を体に覚えさせていったわけです。

ちなみに、ある人気ドラマの主演俳優さんも、撮影現場で「Set One Point」を実践されています。心身統一合氣道の稽古にこられたときに、こんな秘話を打ち明けてくださいました。

「あのドラマは、長尺のセリフが多くて大変でした。でも、そういうシーンの前には、毎回つま先立ちをしてリセットしてから本番に臨みました。もちろん、気の呼吸法は体に入っていますので、ひと息吐くだけでも落ち着きますね」

まさに「Set One Point!」。臍下の一点に心を静めてから撮影に臨んでいたのです。画面から伝わる気迫も、圧倒的な声量や熱量も、見えない心の静まりとともにあったのだと、改めて感心しました。ドラマ史に残る作品になったのは、視聴者のみなさんが、彼の気に引き込まれたからなのだと思います。

心の静まりは、人の様子を見て学ぶ

ちょっとここで、クイズをしてみます。

次ページ上段の2つのイラストを見比べてみてください。臍下の一点に心が静まっているのは①と②のどちらでしょう？

答えは、②ですね。①のイラストは、意識が胸に上がっています。これでは、ちょっと押されたり、動いたりするだけで、姿勢は簡単に崩れてしまいます。

では、下段の③と④のイラストではどうでしょう？

④のイラストは、臍下の一点に心が静まっています。

③のイラストは、両手を上げる際に、意識まで上げてしまったようです。これでは、土台が不安定なため、動きも不安定になります。

本書を読んだ後は、「上がっている」とか「落ち着いている」ということが、パッと見

◈臍下の一点に心が静まっているのは？

〈その1〉

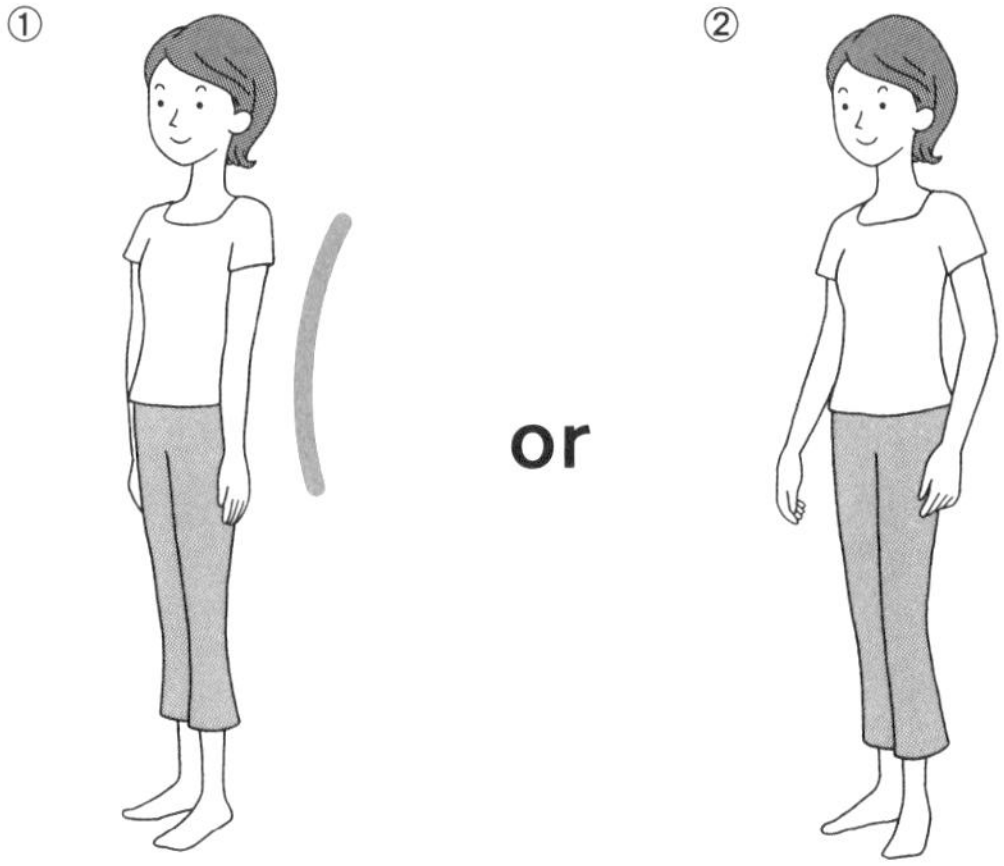

〈その2〉

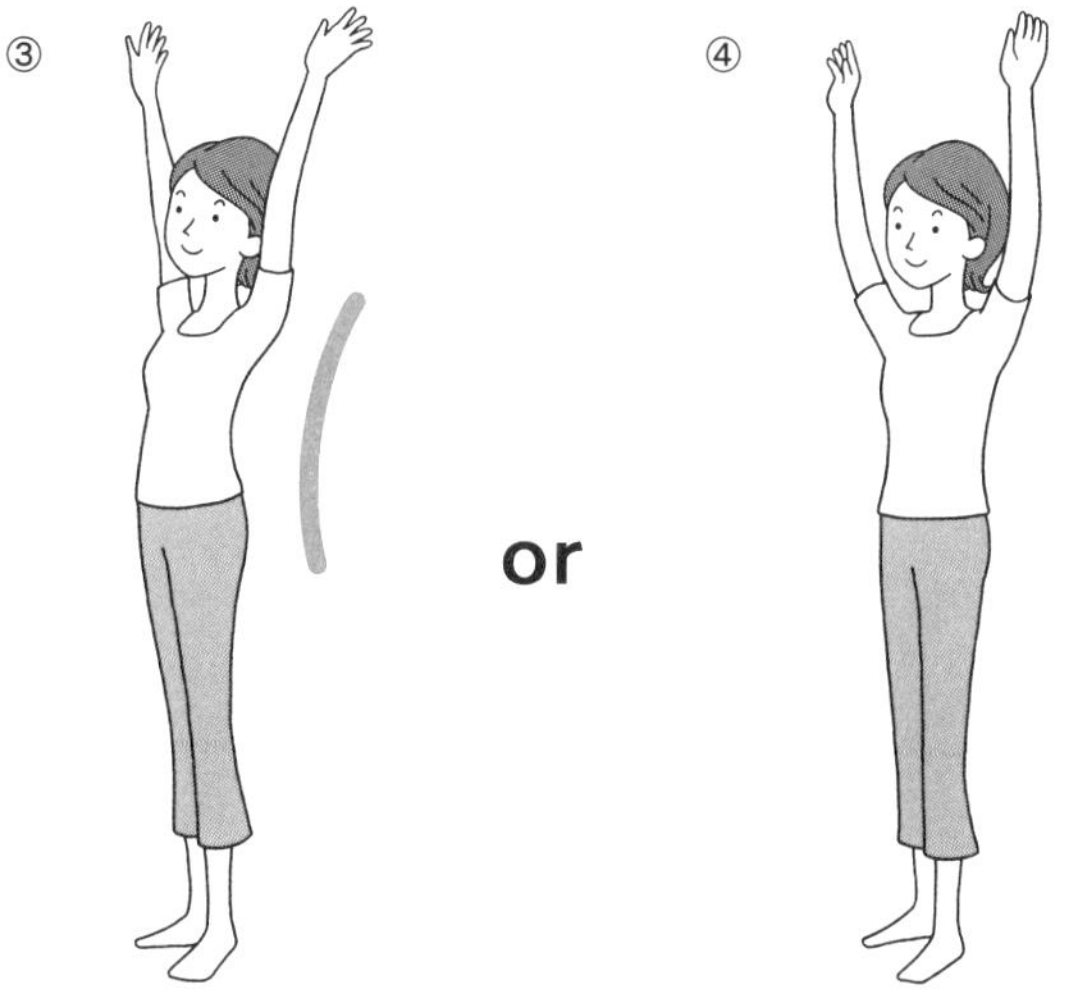

て感じられるようになると思います。

たとえばスポーツを観《み》ても、どちらがより心が静まっているか、わかります。

卓球やテニスで、サーブを打つ側と受ける側。野球のピッチャーとバッター。

相撲の立ち合いまでのシーン。ゴルフのショット前のシーンなどなど。

テレビの画面越しにも、意識が上がっていることなどが、見て取れます。

そして、たいていは、心が静まっている人のほうが、良い結果を残すのです。

日常生活のシーンでも、それを見ることができます。

歩いている人、話をしている人、物の受け渡しをする人、食事をしている人、買い物をしている人、仕事をしている人。

その人の意識が上がっているかは、なんとなくわかるものです。

いろいろな状況で、意識の上がり下がりを見るようにすると、自分の意識が上がっていることにも気づくようになります。

このように、「意識が上がっていること」に気づくのは、とても大切なことです。

気づかないことには、対処のしようがないからです。

気づいたら、その都度「気の呼吸法」をしながら、臍下の一点を確認すればよいのです。

「気のテスト」で正しい姿勢を確認するときや、「全身リラックス運動」をするときも同じです。臍下の一点を確認しておこないます。

このほか、歩く前、走る前、運動する前、楽器を演奏する前、仕事の前など、何かをする前には、気の呼吸法をして臍下の一点に心を静めます。

長い時間をかける必要はありません。臍下の一点に心がシーンと静まっていくような感じで、深く静かに呼吸をします。たったこれだけのことで、驚くほどリラックスできるはずです。

椅子に座ったときの臍下の一点

今度は、椅子に座った状態の臍下の一点について話します。椅子に座ったときの臍下の一点の位置は、立っているときと違うので、覚えておくとよいと思います。

【椅子に座ったときの臍下の一点】

立ったときの臍下の一点は、下腹部のかなり下のほうにありましたね（次ページのイラスト①）。その一点を指先で確認しながら、椅子に静かに座ってみましょう（イラスト②）。

下腹に力を入れてみてください。指先が軽く押し返されるのを感じませんか？

立ったときには力が入らなかったのに、椅子に座ると力が入ってしまう。

「力が入るところでは心は静まらない。では、臍下の一点はなくなってしまったの？」

じつは、臍下の一点はなくなったのではなく、移動したのです。椅子に座ったときの臍下の一点は、立ったときの臍下の一点の真下。体の中というよりは、座面と接するぐらいのところにあります。

そもそも、臍下の一点は心が静まる場所です。「体のここにある」と物理的に固定されたものではないのです。

【椅子に座ったときの臍下の一点を確認する方法】

椅子に座ったときの臍下の一点は、下腹部を押しても確認できないので、次のことをし

◆椅子に座ったときの臍下の一点は？

〈その1〉臍下の一点は移動する

①

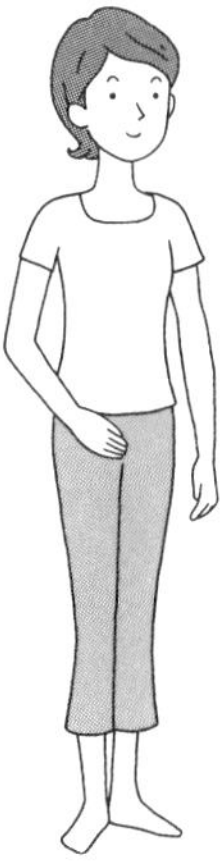

②

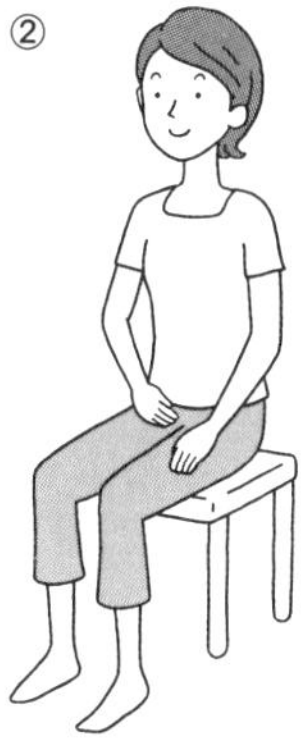

立ったときに力の入らなかった臍下の一点は、座ったときには力が入ってしまう

〈その2〉正しい椅子の座り方

③

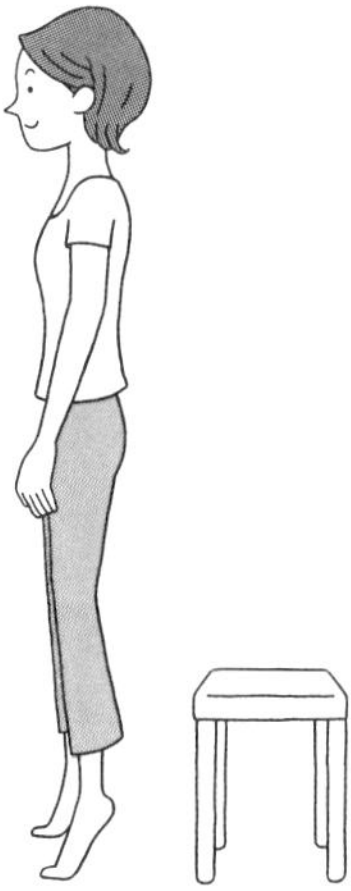

④

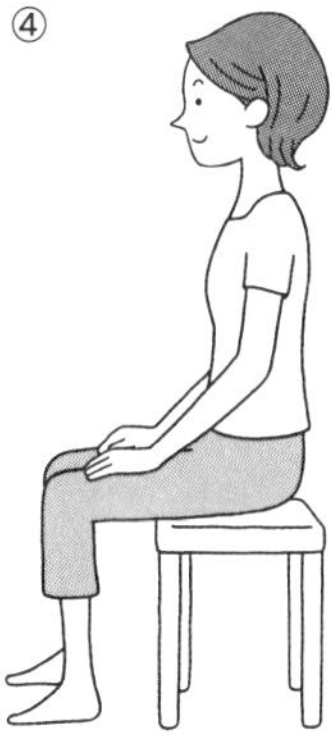

つま先立ちをする。
姿勢が安定したら、かかとを下ろす

臍下の一点を確認したら、静かに椅子に座る。仙骨が起きていて、胸に力は入っていない。

てみましょう。

椅子から腰を上げ、つま先立ちで立ちます。姿勢が安定したら、静かにかかとを下ろします（前ページのイラスト③）。臍下の一点を確認し、そのまま静かに腰を下ろします（イラスト④）。

このとき、尾てい骨の上にある「仙骨」が起きていて、かつ、胸に余分な力は入っていません。

このとき、臍下の一点は、立ったときの臍下の一点の真下（つまり座面と接するあたり）に移動しているのです。

人間は、椅子に座る行為そのものが不自然と言われています。長時間、同じ姿勢で座っていると、体には「無理」が生じることになります。しかし、臍下の一点を確認して座ることで、負担を軽減することができます。もちろん、ずっと同じ姿勢でいることを避け、一定時間ごとに体を動かすことが必要であるのは言うまでもありません。

ちなみに、胡坐《あぐら》で座ったときの臍下の一点も、椅子に座ったときと同じ位置。正座をしたときの臍下の一点は、立ったときと同じ位置にあります。

臍下の一点に心を静めるとは、自然な状態に「リセット」すること

臍下の一点の位置は、立ったときと座ったときでは違う。こう言われると、臍下の一点の場所をいろいろと探し始める人がいるかもしれません。

しかし、それは出口のない迷路に入り込むようなものです。

立つ、座る、以外にもさまざまな姿勢や動作があるわけですから、その都度、臍下の一点の場所を頭で考えていたら、意識は上がってしまって逆効果です。

これまでも何度か話してきたことですが、大事なことなので、くり返し話します。

心と体はひとつ（心身一如）です。心が安定しているときは、体も安定しています。

「気のテスト」で体の安定を確かめることによって、臍下の一点を確認することができます。あれこれと頭で考えるのではなく、これが最も簡単に確認できる方法です。

そもそも、私たちは無自覚に不自然なことをして、その影響が心と体に表れるもので

す。自然な状態にリセットすることによって、はじめて不自然を自覚できます。「臍下の一点」そのものを追い求めるよりも、自然の状態に「リセット」することが、臍下の一点を正しく理解する近道かもしれません。

それでは、自然な状態にリセットするためには、どうすればよいか？

「気」「心」「体」の観点で、自然な状態とは何かを考えてみましょう。

「気」における自然な状態とは……天地と一体になり、気が活発に交流している状態です。「孤」に陥って気が滞っているときは不自然な状態です。本書でお伝えした「気の呼吸法」で、気の滞りを解消することによってリセットすることができます。

「心」における自然な状態とは……心を自在に使える状態です。心を強く使う、集中して使う、切り替えて使うことができます。心がとらわれると、それができません。本書でお伝えした「気の呼吸法」で、呼吸を静めることによって、心も自然な状態に戻っていきます。また、「全身リラックス運動」で、体から余分な力を抜くことで、心もより自由に使えるようになります。本書ではお伝えしていませんが、「気の意志法」（＊）という別の方法によってもリセットできます。

「体」における自然な状態とは……全身がリラックスしている状態です。体を部分的に使ったり、どこかに力みがあったりするのは不自然な状態です。本書でお伝えした「全身リラックス運動」で、体の余分な力を抜くことによって、リセットすることができます。

このように、自然な状態にリセットすることが、「Set One Point」です。「気のテスト」によって、自然な状態にリセットできたことを確認したら、あとは忘れて、伸び伸びと行動するだけです。

ちなみに、「気の意志法」（＊）とは、心がひとつのことにとらわれることなく、自在に使える状態を保つ瞑想法《めいそうほう》です。「気の呼吸法」と併せておこなうことが多いです。

「Set One Point」はどのタイミングでおこなえばよいか

「Set One Point」をいつおこなうか、どのタイミングでおこなうかは、あなたが、どんな状態にあるかによって違います。

しかし、ひとつ間違いなく言えるのは、気の呼吸法や、気のテスト、全身リラックス運動は、やればやるほど身につくということです。

これは、スポーツの練習のようなものです。たとえば、野球では、キャッチボールや素振りをくり返します。こうした基本練習があるからこそ、本番では、バウンドの変わる打球を捕れたり、変化球を打ったりできるわけです。

あらゆる場面で、「Set One Point」を練習しておくと、とっさの場面でも、簡単にそれができるようになります。「はー」とひと息吐くだけで、あるいは、「ぶらぶら」と手を振るだけで、心と体が整い、臍下の一点に心が静まるようになってきます。

たとえば、ドジャースの選手たちは、練習や試合前に「Set One Point」をおこなっていました。そして、プレーの乱れや、意識が上がっていることを感じたときに、ふたたびおこないます。

あなたの場合も、それでよいと思います。

・日ごろから、「Set One Point」を身につけておく
・本番直前に「Set One Point」をする
・意識が上がったり、心と体の乱れを感じたりしたら、「Set One Point」をする

これで充分です。

スポーツの場合は、「タイム」や「コートチェンジ」がありますね。休憩や水分補給、気持ちの切り替え、戦術の確認などをする時間ですが、このときに「Set One Point」をするのもいいかもしれません。

元サッカー日本代表の加藤久さんは、ジュニアの指導もされていますが、以前、稽古の合間に、こんなことを教えてくださいました。

「7~8歳の子どもたちにも、最初に正しい姿勢を伝え、前から押したり、肩を上から押したりしてもびくともしない盤石な姿勢を確認します。子どもなりに正しい姿勢とそうでない姿勢は明らかに違うのがわかります。僕が何をやろうとしているのか子どもたちはわ

かってはいませんが、それでもちゃんと正しい姿勢を確認して、そのままフワッとひざを曲げたら、サッカーの一番よい姿勢ができています。『この状態から動きなさい』と、指導に行く度に毎回訓練しています」

加藤さんは、さらに、こうつづけました。

「子どもたちは試合になると緊張して意識が上がるので、ハーフタイムには手を振って全身リラックス運動をさせます。すると、上がった意識が自然に下がっていきます。そのうち、だんだん体でわかるようになる。すると面白いですよ。いつも手を振っていますから（笑）」

横になったときの「Set One Point」はどうなるか

立っているとき、座っているときの臍下の一点は理解いただいたと思います。

それでは、横になったときの臍下の一点はどうなるのか？

それは当然の疑問です。人生の3分の1は睡眠のために横になっているわけですから。

臍下の一点は心が静まる場所であり、同時に上体（上半身）の重みが落ち着く場所でもあります。たとえば、立っているときに後ろに反った姿勢でいると、上体の重みは腰のほうにかかるのを感じると思います。上体の重みが下腹の力の入らない場所にかかるとき、臍下の一点が定まっています。立っているとき、座っているときは、このように臍下の一点を確認することができます。

しかし、横になっているときは、これができません。そこで、立った状態で臍下の一点を確認して、そのまま横になるので構いません。なかなか眠りにつけないときは、頭のほうに意識がいっているものですが、臍下の一点を確認して横になると、それを防ぐことができ、寝つきがよくなります。つまり「Set One Point」をしてから横になる、ということです。

また、「気の呼吸法」は、横になった状態でもできます。違う姿勢でしてみると、新たな発見や気づきも得られると思いますので、みなさんもじっさいにやってみましょう。

【寝ながらおこなう気の呼吸法のポイント】

全身リラックス運動をして、体に余分な力が入っていないことを確認します（Set One Point）。仰向けになって横になります。このとき、海面に浮いているくらいの感じがあるのがよいときです。体を固く感じたり、重く感じたりするときは、立ち上がって全身リラックス運動からやり直しましょう。

「はー」と、口から静かに息を吐きます。「長く吐こう」とか「何秒吐こう」とせず、吐くに任せます（次ページのイラスト）。

吐くに任せておくと、吐く息は自然に静まっていきます。このとき、「最後までしっかり吐こう」とすると胸に力みが生じて、結果として呼吸が浅くなります。息を吐いているか、吐いていないかわからないくらいに静まったら、今度は静かに息を吸います。

やってみて苦しいと感じる人は、苦しくならない範囲で息を吐き、吐く息が最後に静まってさえいれば、それで大丈夫です。

吐く息が充分に静まったら、鼻先から静かに息を吸います。息を吐くときと同様に、吸うに任せます。息を吸っているか、吸っていないかわからないくらいに静まったら、また口から息を吐きます。吸うときに苦しくなる原因のひとつは、一気に吸ってしまうことで

◆寝ながらおこなう気の呼吸法

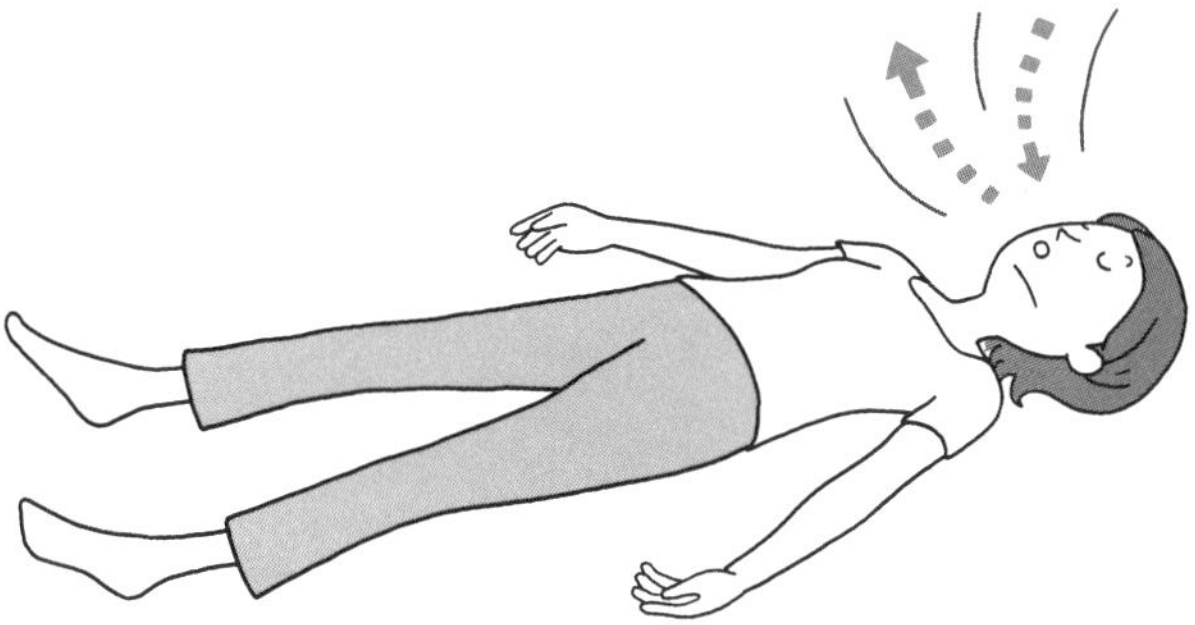

手足を伸び伸びとさせて仰向けに寝る。口から深く静かに息を吐く。吐く息が充分に静まってきたら、鼻から吸う。吸う息が充分に静まってきたら、また吐く。これをくり返す

す。吸った息が足先から順番に体内に満ちてくるイメージを持つとよいでしょう。

このように「吐いて吸って」を無理なく、くり返します。

健康状態に問題があったり、特殊な環境であったりしなければ、呼吸が充分に静まる頃には眠りについているはずです。

眠れないときは「眠れない！　どうしよう！」と、体に力みが生じることで、ますます眠れなくなるという悪循環に陥りがちです。そんなときは眠ることから離れて、呼吸を静めてみましょう。それが最も近道なのです。

じつは、私自身も、大きな課題を抱えているときは寝つきが悪くなることがあります。そんなと

きは無理に眠るのをやめて、「よし、朝まで気の呼吸法をしよう」と、気ままに心地よく呼吸をします。すると、体から力みがなくなり、じっさいに朝まで気の呼吸法をするはめになったことは一度もありません。

逆境に直面したときこそ「Set One Point」

横になった状態での気の呼吸法をお伝えしましたが、病気の方、とくに重病の方は、息を長く吐くことができません。そういう場合は無理をせず、現在の呼吸が少しでも静まるように、無理のない範囲でおこなうことが大切です。

長年に渡って心身統一合氣道を指導している引地聖荘さんという高段者がいます。少年時代に広島市内で原子爆弾によって被爆したにもかかわらず、その後も病気知らずで過ごしてきた引地さんでしたが、胆石の詰まりが原因で、多臓器不全、敗血症ショック状態となって、集中治療室（ICU）に運び込まれました。医師からは「今夜が山です」と告げられるほど深刻な状態でした。

奇跡的に一命を取りとめて、意識は回復しましたが、予断を許さない状況がつづいていました。そんな状態でも引地さんは「できることは必ずある！」と、横になった状態で気の呼吸法を始めたそうです。ところが、胸が詰まる感じがして、深くはできない。そこで、無理なく吐いて吸うことをくり返しました。その後、回復しても夜中に痛みで目が覚めます。そんなときは点滴を持って談話室に行き、臍下の一点に心を静めて気の呼吸法をつづけました。

そのときのことを、誌面に書いてくださったので、ご紹介します。

「気の呼吸法をしているうちに『呼吸法をしている』という意識すら消え、フワーッと雲に浮いたような心地よさがあり、天地に任せきって溶け込んだような感じがありました。それまで感じた怖さがない。我欲を捨てようにも『我』も『欲』も何もない。生きている実感だけがある。後になって思い返せば『これこそ天地と一体であるということだな。自分はすごいことを教わっていたのだな』と。その後はお医者様もびっくりするくらいの回復でした」

この引地さんの例が示すように、「Set One Point」によって、心と体はリセットされ、天地の気によって生命力は活発になっていくのです。

臍下の一点と気の呼吸法、そのつながり

気の呼吸法は、自然な姿勢でおこなう無理のない呼吸ですので、あれこれという制約はありません。あえて言えば、危険を伴う作業をしているとき（車の運転などを含む）、入浴中や食事の直後など血液の循環が急激に変わるときは、避けるのがよいでしょう。

立っているときも、座っているときも、歩いているときも、横になっているときもできます。新型コロナウイルスの影響でソーシャルディスタンスやマスク着用などのエチケットはありますが、元々は、シチュエーションを選ばないのが気の呼吸法の魅力です。できる限り時間を見つけて、実践していただきたいと思います。

くり返しお伝えしているので、充分に理解いただいていると思いますが、気の呼吸法

は、「息をどのように吐いて、どのように吸うか」というメソッドではありません。気を出すことによって、天地自然の気を取り入れる、気の交流です。

本章では気の呼吸法の土台である「臍下の一点」について解説してきました。先代の藤平光一は、臍下の一点をこのように説きました。

「この広大な天地の中心にあなたがいる。そして、あなたは下腹に天地の中心を包蔵している。その無限小の一点に心を静めるとき、天地と一体になり、あなたが持っている力が最大限に発揮されるのです」

呼吸は、私たちの生命の維持に不可欠です。そして、臍下の一点は、天地とのつながりと言えます。「孤」に陥ると、そのつながりがなくなることで呼吸は浅くなり、気が滞ります。

そんなとき、気の呼吸法によって気の滞りを解消することです。気が交流しているとき、心を自在に使うことができます。

もしあなたが、心が落ち込んで何もできなくなったとき、疲れ切って何をする気力もなくなったときは、無理に何かをするのではなく、いつもしている呼吸に少しだけ心を向けてみてください。呼吸が静まっていくうちに、気の滞りが解消し、ほとんど動かなくなった心が、また活発に働くようになっていくはずです。

6章

気の呼吸法を「ここ一番」で活かす知恵

――成功者たちに学ぶ最強のヒント

本番で力を出せる人と失敗する人。
それはわずかな心がけにかかっている。
実践者たちはどう活《い》かしたのか。
特別なことではない。
日々の実践が大きな成果につながる。

心は揺れるのが当たり前。でも、静まるのもこれまた心

イメージしてみましょう。

静まった水面に、水滴が落ちます。

すると、水滴が小さく跳ね、波紋がざわざわと広がっていきます。

やがて、時間が経《た》つと、波紋は静まり、水面はまた静かになります。

もし、水滴が落ちても波立たないなら、それはとても不自然です。

外からの刺激があれば、波立つのが自然なのです。


人の心も同じです。何かがあれば波立つものです。

多くの愛読者を持つ中国の古典『菜根譚《さいこんたん》』に、次のような一節があります。

「風、疎竹《そちく》に来《きた》る　風過ぎて、竹に声を留《とど》めず」

まばらな竹やぶに風が吹くと、竹はカサカサと音を鳴らす。だが、風が過ぎ去ると、竹

やぶにはまた、静寂が戻る――。

「心は自在に動くものであり、ひとつのことにとらわれない」という、心の本質を表した句です。

事が起きたときには、心が揺れたり、ざわついたりするのは当たり前。しかし、事が去れば、また元の静まった状態に戻る――。

なるほど、先人は、うまいことを言います。私たちの現実はどうでしょうか？

何かに固執して頑《かたく》なになる、不安や怒りを増幅させる、悲しみを深めて心を閉ざす……。心が静まらないどころか、静めようとすればするほど、どんどん不安定になっていきます。

そこで、心を直接コントロールするのではなく、間接的に静める方法として、「気の呼吸法」を軸に、「気のテスト」（正しい姿勢の確認）や「全身リラックス運動」などを紹介してきました。また、心の落ち着き先である臍下《せいか》の一点の話もしました。

この知識や方法を、どう使うか、どう活かすかは、あなた次第です。

最終章では、実践者の例などを取り上げます。あなたが、大事な場面で力を発揮するための、よきヒントにしていただけると思っています。

心を静かにしておくと気を感じたときにざわっとする

ちょっとディープな話になりますが、相手が刃物を持って襲ってきたとき、あなたは相手のどこを見るでしょう？　訓練を受けていない人は、おそらく刃物を見てしまうでしょう。恐怖から一点を凝視してしまうのです。でも残念ながら、これだと身を守ることは難しく、体が固まって動けなくなります。

少し冷静な人だと、刃物ではなく、相手の本体を見るかもしれません。しかし、相手の体が動いてから反応したのでは、間に合いません。

前にも話しましたが、こんなときは、相手の心をみることです。体が動く前に必ず「襲いかかるぞ」と心が動きます。その心の動きをみるのです。正確に言えば、心は見えないので「察知する」という表現のほうがよいかもしれません。気を通して、相手の攻撃する心の動きが、ざわざわっという感じで伝わってくるのです。

ですから、こちらの心が静まっていること、気が通《かよ》っていることが前提です。

スポーツの世界でも、これは共通しているようです。

ドジャースで指導しているとき、私は、最も優秀な若手打者の一人に、

「君はボールを見ようとしているの？」

と聞いてみたことがあります。

「いえ、ボールより前にくる『何か』を見ています」

調子がよい選手は、心があるべき場所（臍下の一点）に静まっており、気が出ています。周囲を鋭敏に認識できるため、心が自在に使える状態になっています。

このため、相手が投げるボールそのものではなく、その手前にある心や気の動きに対処しているのです。もちろん、意識してではなく無意識に動いているのですが、「ボールより前にくるものをみている」というのは、「形のないものが見えている」ということであり、とても面白いと思います。

反対に、調子が悪くなるとボールしか見えなくなります。すると、100マイル（時速約160キロ）の速球や、鋭く曲がる変化球には対応できないというわけです。

常人離れした世界で勝負をする彼らは、形のないものにフォーカスすることの重要性を理解しています。だからこそ、私の「Ki Training」を熱心に学んでくれたのです。

強い気持ちをどう静めたらよいのか

王貞治さんは、心を静めるということについて、こんな話をしてくださいました。

「バッターにとって『打ちたい』という気持ちは絶対に必要です。私も『誰よりも打ちたい』と思っていましたし、そういう強い気持ちがないと、プロでは通用しません。

そこで大事なのは、『打ちたい』という気持ちで何をするか？

『打ちたいから力を入れる』のか『打ちたいから心を静める』のか。私の場合は、打ちたいから心を静めていました」

打ちたいから心を静める、という言葉は、とても示唆に富むものです。さらに、次のような話もしてくださいました。

「打ちたいなら、相手を理解することが第一です。力を入れても理解はできない。だから『力を入れる』という方向は間違っています。相手を理解するために何をするか？

そこで臍下の一点を学んだのです。一点に心を静めると、池の水面に月が映るように相手の心も、相手の投げるボールも見えてくるようになりました」

キックボクシングのスター選手に、大和《やまと》哲也さんという人がいます。彼も心身統一合氣道を学ぶひとりですが、王さんと同じようなことを言っています。

「お客さんには最高の試合を見ていただきたい。もちろんプロですから、勝たないと生き残れません。だから勝ちたい気持ちは誰よりも強く持っています。でもそれ以上に大事なのは、戦う相手も自分も、おたがいに全力を出し切ることだと思うんです」

そんな大和選手は、心身統一合氣道を始めてから、大きな変化があったと言います。

「勝ちたいからどうするか。そこが変わりました。以前は、とにかく『勝ちたい勝ちたい』と相手を倒しにいくことだけを考えていました。でもそうなると、周りが見えず、視野が狭くなる。それで負けていることもありました。でも今は、勝ちたいから心を静めています。そして本当に心が静まった状態でリングに上がれています。

たとえば2017年にK-1で対戦した選手はとても強い相手でしたが、僕の間合いに圧力を感じて、攻撃が雑になったところをノックアウトした感じでした。僕たちは1対1で圧力をかけたり引いたりするので、心と体が統一されているかどうかで、相手が感じる圧力は相当に違います」

「心がガサガサした状態で生じる動作」と「心が静まった状態から生じる動作」では発揮される力はまるで違います。大和選手は自らの蹴りを「合気ック」と名づけていますが、「静」からくり出されるキックの威力はケタ違いです。

日常の場面でも、上がっている意識を下げるとよい

日常のさまざまな場面で、「頑張る」という言葉を耳にします。「困難にくじけず努力する」という意味で使うのでしょう。しかし、本来は「我を張る」という意味の言葉です。

頑張ることを否定するつもりはありませんが、少し注意も必要です。なぜなら、頑張っているときは、心身に力みが生じやすいからです。外部から加わる力や刺激に対して、影響を受けやすくなるのです。たとえば、仕事の現場は、「頑張る」の連続です。

仕事はなんでもそうですが、ミスが許されません。時間との戦いであり、ときには無理

な要求にも応えなければなりません。まさに、毎日が「ここ一番」。常に肩には力が入り、心にも力みが生じています。疲れやストレスを溜《た》め込んでいる人も少なくありませんが、「頑張る」という姿勢が、これを増長してしまっているのです。

心と体はひとつのものなので、心が疲れていると体も疲れ、凝りや痛みなどが生じやすくなります。

ところが、多くの人はそれを知らないために、「上がったまま」の生活をつづけ、体のあちこちや心に「病の元」を抱えてしまいます。

先日、美容師さんの指導をさせてもらいました。やはりみなさん肩こりがひどい。ハサミとクシを持って常に肩を上げ、指先を動かしていますから、その振動がダイレクトに首や肩にきます。接客業ですから気苦労も絶えません。

心と体に大きな負担がかかっているわけですが、そんな方にこそおすすめしたいのが気の呼吸法や気のテストによる「Set One Point」です。

仕事に入る前に、気の呼吸法で臍下の一点に心を静め、気のテストで安定した姿勢をつくっておけば、心身が受ける負担は最小限に抑えられます。これによって、肩こりや腰痛もかなり軽減できると思います。

対人関係は、気の交流だと心得る

仕事に関することで、覚えておいてほしいことがあります。

それは、上がっているときは、刺激が何倍にもなる、ということです。

たとえば、同じ嫌なことを言われる場合でも、上がっているときに言われると、何倍もきつく感じてしまうのです。

ですから、「嫌な話をされるかも」という場面では、「Set One Point」をして、上がった意識をしっかりと下げてから臨むようにしたらよいと思います。これだけでも、心や体への負担がとても軽くなります。

反対に、あなたが嫌な話をしなければいけないときも「Set One Point」です。あなたが「嫌な話をするぞ」という情報は、雰囲気で相手に伝わってしまうからです。

すると相手は身構えてしまい、心に受け入れられなくなってしまいます。あなたがどんなに丁寧な言葉を使っても、よいことを言っても、相手が心のシャッターを下ろしてしまっては、言葉は入っていきません。しかも、相手の意識は上がった状態ですから、あなたの言葉は「何倍ものきつい言葉」として伝わってしまうというわけです。

こうしたことは、対人関係で頻繁に起こります。

あなたも経験がありませんか。ケンカになるときは、相手が「ああ言った」、こっちが「こう言った」というのはじつは後付けで、言葉のやりとりの前にどちらかのイライラした雰囲気が伝わり、それに反応して戦闘モードになってしまうのです。

コミュニケーションの不具合は、こうした小さな気のつまずきから発展することが多くあります。これを防ぐためには「Set One Point」がとても役立ちます。

イライラしたら「Set One Point」。相手のイライラを感じたら「Set One Point」。「はー」と大きく息を吐くだけでもよいですし、「フッ」と息を吹くだけでも、その後の展開は大きく変わるはずです。

対人関係は、言葉以前に気の交流——。

これを心得ているだけでも、対人関係はかなり良好になるはずです。

「最近、ギクシャクしているな」というときは、気の交流がうまくできていないのかもしれません。あなたの気は滞っていないか、相手の気をしっかりと受け止めているか、確認してみることをおすすめします。

落語の名人に見た、戦う前に勝負が決まる極意

今は亡き三遊亭圓歌師匠とご縁があり、毎年、ある宴席でご一緒させていただいていました。圓歌師匠は名人と言われ、私が語るのもおこがましいのですが、気という観点で、師匠から学んだことがあります。

それは「勝負は戦う前に決まっている」という教訓です。

宴席の主賓のひとりである圓歌師匠は、マイクを前に挨拶をされます。そのとき、聞く人にわかるか、わからないかくらいの「間《ま》」があり、その瞬間にすでに引き込まれています。話を聞いてから面白いのがわかるのではなく、これから面白い話をするのが「気」で伝わってくるのです。そして思った通り、会場は爆笑に包まれるのです。

私は先代の藤平光一から言われて、寄席《よせ》に通いつづけていた時期があります。私に「何

か」を学ばせたかったようです。かなりの数に触れていくうちに、本当に面白い落語家さんは、高座に上がった瞬間から、もっと言えば、高座に上がる前から発しているものが違うことに気がつきました。

これはいったい何なのか？

そもそも、会話というコミュニケーションでは、相手が発する「言葉」より先に、相手が発する「気」を受け取っています。たとえば、本当は謝る気がないのに「ごめんなさい」と謝罪しても、相手は「謝罪してもらった」とは感じません。「謝りたくない」という気を発して、それが言葉よりも先に相手に伝わってしまうからです。「心の中まではわからないだろう」と思うのは大間違いで、心の状態は気を通じて伝わっているということです。

「孫子の兵法」の通り、勝つか負けるかは戦う前に決まっています。圓歌師匠も同じで、話をする前の気で、相手を惹《ひ》きつけているのです。

圓歌師匠に倣《なら》って、私も講演や講習でお伝えするときに、自分がどんな気を発しているかに注意を向けるようになりました。私がプラスの気を発して「心からみなさんのお役に立ちたい」と思っているときは、受講者はちゃんと心を向けてくださいます。

瞬時に人を惹きつける大きな気、圓歌師匠がどのようにしてその「気」を醸成されたのかはわかりませんが、人間の喜びや悲しみ、すべてを包み込んだ上でのものであり、一朝一夕ではないのでしょう。だからこそ名人芸なのです。

ひと呼吸ひと呼吸が真剣で命がけ

気の呼吸法は、天地と一体になるためのものです。人間は悩みに支配されてしまいがちですが、その悩みは自分の中でつくり出したものです。自分で悩みをつくり、それに縛られるのですから、なんとも言えないものがあります。気の呼吸法は、そんな呪縛を解き、人間本来の明るさと元気を取り戻すための方法なのです。

気の呼吸法をくり返すと、天地と一体となるのを感じます。すると「大きなものに守られている」「大きな存在とつながっている」という、えも言われぬ感覚が宿ります。

こうなると、置かれた状況は同じでも、受け取り方や感じ方が変わってくるのです。

小西浩文さんという登山家がいます。８０００メートルの山を無酸素で登る、いわば超人です。小西さんは、あるときから心身統一合氣道を学ぶようになったのですが、その理由を聞いてみたことがあります。すると、驚くような話を聞かせてくれました。

「山というのは、舗装された道路を歩くわけではなく、断崖絶壁あり、氷の壁あり、雪崩れてくる斜面ありで、あらゆる脅威が待ち構えています。それをなんとか克服し、頂上まで登らせていただき、五体満足で元気で家に帰ってこないと登山とは言えません。

これまで、私とロープを結んだザイルパートナーたちは、日本人・外国人を合わせて58人が亡くなっています。そのほか、たくさんの登山家たちも、凍傷で手足をなくしたり、鼻を落としたりしています。

おかげさまで私は、山ではかすり傷ひとつすることなく、今日までまいりました。そこには『心』というものが、かなりのウエイトを占めるのではないかと思ったのです。

これは私の持論ですが、（後天性の）病気、事故、トラブル、アクシデント、人生設計の成功・失敗は、心の所産が99パーセントを占めています。

どんなに体が強靭《きょうじん》でも、高い能力があっても、心と体はひとつですから、心がダメだと身体能力は発揮できません。登山家としてだけでなく、人生を生きていく上で、いかに心を磨いていくかを考え、心身統一合氣道に入門したのです。

登山家は、ロマンがあって、大らかで、豪快……というイメージをよく持たれますが、そうでもありません。悲しみも、ひがみも、嫉妬も、憎しみも、ネガティブな感情がいっぱい渦巻いています。街にいればオブラートで包み隠せるような人間のネガティブな部分が、7500メートルを超えるデスゾーン（死の地帯）では、露骨に暴露されてしまいます。本性が露《あら》わになるのです。そこはまさに戦場と言ってもよいでしょう。

デスゾーンでは、靴ひもの結び方を間違えるだけで、死につながります。酸素濃度が地上のおよそ4分の1ですから、少しでも体の使い方に無理があると息が上がる。すなわち、行動や考え方のひとつひとつが死に直結してしまうのです。走るなんて論外ですよ。一歩一歩、登るときにも呼吸が乱れないように。だから、ひと呼吸ひと呼吸が真剣です。ひと呼吸ひと呼吸が命がけなのです」

生死ギリギリの「ここ一番」で呼吸が生きる

小西さんは、心身統一合氣道と出会う前から、死と隣り合わせの山で、気の存在を実感していたようです。

危険というのは、いきなり現れるのではなく必ず予兆がある。なんらかのサインやシグナルを発しているものだ、と小西さんは言います。

ところが、人間には我欲があり、これがひじょうに悪さをするとも言います。

「もうここまできた。あとちょっとだから登りたい」とか「ここでやめたらスポンサーに顔向けができない」などという欲、あるいは常識や思い込みといったものが、危険サインを見逃す原因となり、判断を誤らせるのです。

平地にいる私たちも同じことでしょう。気の呼吸法で心を静めるから、予兆を感じとることができます。そんな小西さんも気の呼吸法を実践なさっています。

生と死のギリギリの世界で戦うという点では、カーレーサーもそのひとりでしょう。

アメリカ最大の自動車レースNASCARで活躍され、現在は監督としてチームを率いる服部茂章《はっとり》さんは、心身統一合氣道を学び、それをレースの世界で活かしています。

時速400キロを超える世界を、みなさんは想像できるでしょうか？　1秒間で111メートル進む猛スピードです。

服部さんによると、本当に調子がよいときは、1周目から減速をせずに、コーナーに入ることができると言います。そんなときは、200キロ、300キロでもスローモーションのように感じることがあるそうで、静かなところで、ゆっくりとコーヒーでも飲んでいるようだと言うのです。

ところが、調子が悪いときは、同じ速度でもすごく速く感じます。そんなときは、全開で走っているつもりでも、後でデータを見ると、コーナーで減速しているのがわかると言います。

この違いはどこにあるのでしょう？

私は、400キロ超の世界はわかりませんが、稽古では同じようなことを感じます。突いてくる相手の拳を見ると、じっさいの速度より早く感じますが、心を静めて相手の全体を見ると、ゆっくり感じるのです。つまり、視野が広くなっているか、狭くなっているかの違いというわけです。

そして、視野が広いのは、意識が臍下の一点に定まっているとき。つまり、心が静まっているときなのです。

緊張は最高のパフォーマンスには欠かせない妙薬

ＮＡＳＣＡＲの服部さんも、臍下の一点に心を静める、あるいは全身の力を抜くということが、レースに大きく影響していると言います。心身をリラックスさせておくと、レース前には緊張していても、いざフラッグが振られ、アクセルを踏み込むときには、パッと入っていけると言うのです。

緊張については、みなさんも大いに悩まれていると思います。

どうやって緊張とつき合えばいいのか？　服部さんがそれに答えてくれています。

「アメリカは毎週のようにレースがあるので、僕もどうやったら緊張しないか試していました。でも、やっぱり、緊張がないと結果は出ないのです。

緊張があり、その中でもう一歩奥に進んでいく。そうやってリラックスして集中できたときに、最高の状態に入れるということが、少しずつわかってきました。『緊張しないように』と体の力が抜けてダラッとしていると、最高の状態には入れないのです。レースのスタート前、周りには人がいなくなります。そこで、エンジンをかけるまでの1分間があります。このときは足が震えて『なんでここにいるんだろう。日本でコタツに入ってミカンを食べているほうがよかった』などと考えたりします。ですが、エンジンをスタートさせた瞬間に闘争心が出てきて、雑念がスッとなくなり、パッと入れる瞬間があるのです」

服部さんの言葉は、次のように解釈することができます。

・緊張は、最高のパフォーマンスをするには、必要不可欠である
・緊張から逃げるのではなく、それを認め、迎え入れることが大事だ
・緊張があるときは、臍下の一点に心を静め、気の呼吸法をする。あるいは、全身から力を抜く。気の呼吸法だけでなく、気のテスト（正しい姿勢）や、全身リラックス運動など、「Set One Point」をする
・それでも緊張はするが、これをしておけば、本番には集中状態に入れる

ちなみに、先代の藤平光一は、緊張について次のように言っていました。

「緊張も自分の一部。切って離すことはできない。緊張は、古い友人が訪ねてきたときのように迎えなさい」

緊張よ、よくきてくれたと、両手を広げて歓迎するというのです。あなたも試してみてはいかがでしょう。

スポーツや勝負事では相手に「勝つ」より「理解する」

私たちは、とかく「孤」になりがちです。そして自ら心を閉じ、気を滞らせてしまいます。たとえば、スポーツでは、「相手を倒してやろう」とか「自分がやらねば」と強い気持ちで臨みますが、これも孤になる原因。強い気持ちは、意外にくせ者なのです。

空手をやっている女の子の例を紹介します。空手一家に生まれたその子は、小学生時代、県のチャンピオンでした。

ところが、中学に上がると、上級生たちは体格が違います。中学1年と3年では、子どもと大人のような差があり、その子はボロ負けしてしまいました。

以来、彼女は、まったく勝てなくなってしまいました。技術も能力もあるのに、試合には勝てない。心配した彼女の父親が、私に相談をしてきました。

そこで私は、彼女に話を聞いてみたのです。

私「今、試合をしているのは、どんな相手？」

彼女「叩《たた》きのめす相手」

なるほど、なかなかの強気です（笑）。

私「叩きのめすって、いつ頃からそう思っているの？」

彼女「中学に行ってから。相手の体が大きくて強そうになったので……」

私「小学生のときは、どうだったの？」

彼女「あんまり……。そういうことは考えてなかった。私のほうが強かったし」

なるほど。彼女の不調の原因は、相手を「叩きのめす」という意識だったのです。私は角度を変えて質問をしてみました。

私　「武道では最初に礼をするでしょ。どうしてだと思う？」
彼女「礼儀が大事だから」
私　「そうだよね。もちろんそうなんだけど、頭を下げるのはカタチだけ？」
彼女「……」
私　「相手がいなかったら試合ができないよね？　自分ひとりでは試合にならない」
彼女「あー」
私　「そしたら、ありがとうって言えない？」
彼女「たしかに！　だから『ありがとう』とか『お願いします』って言うんだ」

ウソみたいな本当の話なのですが、これだけで彼女はふたたび勝ち始めました。

「ありがとう」という言葉は、心を落ち着かせるには、とてもよい言葉です。なぜなら相手を認めることになるからです。

つまり「孤」になっていた状態から心が開き、気が通い始めるのです。

反対に、相手を「叩きのめす」というときは、倒すことに執着した状態です。すると「孤」になり、気が滞ってしまいます。

これでは、相手のことを理解できません。対応もできません。

スポーツや勝負事で勝つには、すべからく「相手を理解する」というプロセスが必要です。相手を理解すれば、動きが見えてくるからです。

そのためには、気を出すことです。周囲と気が交流することで、視野も広くなり、心も自由に使えるようになります。すると、相手の攻撃にも柔軟に対応できるようになります。

この女の子は、もともと能力が高かったので、心が静まりさえすれば、力を発揮できます。こうして彼女は、ふたたび連勝街道を走り始めたのでした。

ぶつかるのではなく、理解する

心身統一合氣道の稽古をしていると、「ぶつかる」という感覚が生じるときがあります。技において、「相手をこう投げよう」とか「相手をこう動かそう」として、自分の中に結論を持った状態で相手と接すると、こうなるのです。そしてひと度これが生じると、もはや相手を導き投げることができません。

相手とぶつかったときには、心を静めること。また、ぶつからないように、「相手を理解する」ことを訓練します。これによって、ぶつかるという感覚は生じなくなり、スムーズに導き投げることができるようになってきます。

ところで、「相手を理解する」とは、どういうことでしょうか？

それは、ひと言で言えば「相手を認める」ことです。

仮に、相手の言うことが100パーセント間違っているとしましょう。でも、相手がそれを言うのは、自分なりの思いや考えがあってのことです。その言い分を受け止めてあげるのが、「認める」ということです。「ああ、相手はそのように考えているのか」とわかれば、「衝突」ではなく「導く」ことができるようになります。

しかし、多くの場合は、「理解する」というプロセスがないまま、自分が持つ結論や正解を押しつけるから、衝突したり、相手が抵抗したりするのです。

ドラッグストアのマツモトキヨシをご存じでしょう。その「マッキヨ」の松本貴志社長は、心身統一合氣道を学ぶひとりです。ビジネスの現場でも稽古を活かし、さまざまな状況が変化したと言います。「ぶつかる」から「導く」への変化もそのひとつです。

かつての松本さんは、それまで学んできた理論をもとに、「こうしてください」と一方的に命令して、ぶつかることが多かったそうです。ところが、衝突から得た成果では、充実感も、その先の広がりも少ない。そこで心を静めて「導く」ことを心がけました。「自分の行きたいところに強引に進むだけでは、本当の意味で相手を動かせない。この人はこっちに行きたがっているから、それを尊重して行先を変えよう」と、導くようにしたのです。すると、社内から新たな発想が次々と出てくるようになり、世界的なデザインや広告賞を受賞。業績面の効果だけでなくストレスも大きく減っていると言います。

前述したK－1の大和哲也さんは、「導く」ということについて、こう話します。

「試合中の攻防では、多くの選手は攻められると受け身になる。そこで僕が意識するようになったのは、『攻められている』のではなく『攻めさせている』ということです。相手に圧力をかけながら、『相手を先に動かして対応する』という戦い方です」

さらに大和さんは、それをジャンケンにたとえて、わかりやすく話してくれました。

「『相手をこう倒してやろう』というのは、『チョキで勝ってやろう』というのと同じです。でも、相手がグーなら、全力でチョキを出しても勝てない」

つまり、相手がグーを出してきたらパーを出す。そうすれば勝てる――。厳密に言えば、手を出されてから対応しては間に合わないので、心を静め、相手の気をみて反応するわけですが、勝負において「理解する」「導く」とは、こういうことなのです。

天地自然と一体となり、心が本当に静まっていると、広い視界で物事をとらえられ、相手の心がみえるようになります。すると、自分はどう動いたらいいか、何をするのがベストか、という正しい判断もできるようになります。

気を切らず、軽やかに受け流す

本章の最後に、「気を切らない」ということについてお話しします。

ここ一番では、最後まで気を発しつづけることが大事なのですが、気が切れたり、自ら気を切ってしまったりする人が多いように思います。

心身統一合氣道には、「受け身」の稽古があります。受け身は、投げられて転がるイメージがありますが、本来は、自分の身を守ること全般を指すものです。そして、じつはきわめて積極的な行為なのです。

たとえば、戦いでは、投げられたら、まずは受け身で身を守ります。このときに、姿勢が崩れたり、床に打ちつけられたりすると、すぐに立ち上がれず、戦いをつづけられなくなります。つまり、受け身とは、自分の身を守るのと同時に、瞬時に次の動きに備えるためのものなのです。

本番では、途中で失敗したり、トラブルに遭遇したりして、精神的に打ちのめされることもあるでしょう。しかし、そこで終わるわけではありません。そんなときこそ「受け身」のようなものが必要なのです。大きなダメージを受けて沈むか、軽やかに受け流すかで、次の展開が大きく変わってくるからです。

では、どうしたら、軽やかに受け流せるのでしょう?

それは、気を発していること、心が静まっていることです。

気が通《かよ》っていれば視野も広く、周囲とのつながりもわかります。また、心が静まっていれば、くじけることもなく、心を外向きに使うことができます。

たとえば、ビジネスのプロジェクトやスポーツの試合の途中で大きなミスが起きたとします。このようなときは、誰でも心が乱れるものです。そのまま、気が切れてしまえば、心は内向きになり、ミスを犯した本人は意気消沈してしまいます。あるいは、周囲はその人を叱責します。こうなっては、事態はますます悪化することでしょう。

しかし、当初の目標に向かって気を切らさずにいれば、気の呼吸法をおこなうなどして、すぐに心を静めることができます。すると、今全力ですべきはミスを挽回《ばんかい》することであり、それに邁進《まいしん》することこそが最も大事なのだと気づきます。そして、即、実行に移すはずです。今はミスの叱責をしている暇などないのです。

ミスについての反省は、別途時間をとっておこなう。そして、ミスからの学びを共有することで本人も組織も成長していく。こうした視座は、気が通っているからこそ得られるのです。

それは、ここ一番だけの話ではなく、人生のすべてにおいて言えることだと思います。どんな状況に置かれても、気を切らさず、静かな心を保つ。気の呼吸法はあなたの最強の味方になってくれます。

おわりに

心と体以外に「気」という視点を入れると世界は広がる

「心」と「体」という視点は誰もが持っていますが、ほとんどの人は、それを別々のものとしてとらえています。しかし、本来はひとつのものです。

また、私たちは、とかく「心と体」だけに目を向けがちで、「気」という大きな存在を忘れています。あなたの日々や人生において、「気」という存在を加えれば、世界は限りなく広がると同時に、大きな安心感を得られることと思います。

本書では、気の呼吸法を主軸に、気のテスト、全身リラックス運動などを紹介し、体の面から心を整えること、あるいは、天地と一体となることを実感していただきました。

私自身は、物心ついたときからこれをつづけ、それが日常の一部になっているため、巷《ちまた》の本にあるように、「何日で簡単にマスターできる」などという表現はできません。

しかし、その効果は、この本に登場した方々をはじめ、心身統一合氣道の実践者たちが証明してくれていると思っています。

やればやるほど体が覚え、大事な場面でも活かせるようになるのは事実ですし、「気」の存在を知ることで、現実の見方や考え方が一変するのも事実でしょう。

ちなみに、心身統一合氣道会では、「相手の気をみる」と表現するような場合は、「見る」ではなく「みる」と平仮名表記にします。目で「見る」、触れて「看る」、心を「観る」などさまざまあり、気は五感で「みる」ものだからです。本書では一般的な「見る」を用い、一部で「みる」という表現も併用させていただきました。

日々、盤石なものを入れておくと、ここ一番に活きる

気の呼吸法は、いたってシンプルで地味かもしれません。

ですが、「息」という字が「自らの心」と書くように、日々、息によって心を整え、天地の気と交流することが、「いざ」というときにも活きてきます。

私自身、「あ、この瞬間のために日々やってきたんだな」と思う場面が、これまでに何度もありました。一番強烈だったのは、父が亡くなったときかもしれません。師匠と父を同時に亡くしたので、心の中はやはり、嵐のような状態でした。でも、面白いもので、体が言うのです。

「今、このときのためにやってきたのだ」と。

そのとき、私は理解したのです。幼い頃から、わけもわからず気の呼吸法をやり、ときには真冬の川に入ったり、寒中の道場で連夜の呼吸の行をおこなったりしました。当時は、「なんのためにやるの」と思っていましたが、**訓練は「いざ、ここ一番」というときのためにある**のです。

ダーウィンの『種の起源』には、次のような有名な一文があります。

「生き残る種とは、最も強いものではなく、最も知的なものでもない。それは、変化に最もよく適応したものである」

この言葉は、ここ一番にも当てはまります。変化する目の前の現実を受け入れ、適応することで、ここ一番でも、最高の力を発揮できる。

そして、そのためには平時からの積み重ねが大切なのです。盤石なものを取り入れておけば、「いざ」というときにも盤石でいられます。気の呼吸法も正しい姿勢も、盤石だからこそ、ここ一番で、あなたをしっかり支えてくれるのです。

天地を相手にすると謙虚になれて、ここ一番に強くなる

先代はよく「天地を相手にしなさい」と言っていました。そうすれば謙虚になれると。何かを成すと、たいていの人は「自分の力だ」と思い上がります。それはそうなのかもしれませんが、本当に自分の力だけなのか、と言ったら、そんなことはありません。考えてみましょう。ひとつの勝利の陰には、どれだけ多くの人が関わっているか？チームメイトがいます。あなたを育ててくれた家族、数々の指導者がいます。大会の運営者がいて、相手チームがいるから試合もできました。応援をしてくれた人、励ましてくれた友人もいるでしょう。もう少し視野を広げれば、交通機関が滞りなく運行していたから会場に到着できました。

大自然もそうです。自然災害が起これば、試合どころではありません。また、あなたの体は天地の恵みである食物からできています。

こう考えると、純粋に「有り難い」「ありがとう」という気持ちが湧いてきます。これが本当の意味での謙虚さだと思うのです。

真に謙虚になれたとき、天地自然の気は、あなたに力を与えてくれます。

最後まで読んでいただき、本当にありがとうございます。

みなさんが、大事な場面で、実力を発揮されることを、心より願っております。

藤平信一

二〇二一年八月吉日

〈著者紹介〉
藤平信一（とうへい・しんいち）
1973年、東京都生まれ。東京工業大学生命理工学部卒業。一般社団法人心身統一合氣道会会長。幼少から父・藤平光一より指導を受け、心身統一合氣道の継承者として、世界24カ国、約3万人の門下生に心身統一合氣道の指導・普及をおこなう。慶應義塾大学では體育會合氣道部の師範を務め、非常勤講師として一般教養の授業で心身統一合氣道を指導。また、心身統一合氣道を人材育成に活用し、経営者・リーダー・アスリート・アーティストなどを対象とした講習会や企業研修でも指導している。2010年1月からは、アメリカ大リーグのロサンゼルス・ドジャースの依頼により若手有望選手の育成に参加。著書に『心を静める』（幻冬舎）、『コミュニケーションの原点は「氣」にあり！』『「氣」の道場』（ともにワニブックスPLUS新書）、『一流の人が学ぶ 氣の力』（講談社）などがある。

心身統一合氣道会　https://shinshintoitsuaikido.org/

心と体が自在に使える「気の呼吸」

2021年9月20日　初版発行
2024年3月30日　第5刷発行

著　者　藤平信一
発行人　黒川精一
発行所　株式会社 サンマーク出版
東京都新宿区北新宿 2-21-1
（電）03-5348-7800
印刷・製本　中央精版印刷株式会社

ISBN978-4-7631-3922-1 C0030
ホームページ　https://www.sunmark.co.jp